C. C. L. Hirschfeld

Anmerkungen über die Landhäuser und die Gartenkunst

C. C. L. Hirschfeld

Anmerkungen über die Landhäuser und die Gartenkunst

ISBN/EAN: 9783743317796

Hergestellt in Europa, USA, Kanada, Australien, Japan

Cover: Foto ©Andreas Hilbeck / pixelio.de

Manufactured and distributed by brebook publishing software (www.brebook.com)

C. C. L. Hirschfeld

Anmerkungen über die Landhäuser und die Gartenkunst

Anmerkungen über die Landhäuser und die Gartenkunst.

Von

C. C. L. Hirschfeld.

Leipzig,
bey Weidmanns Erben und Reich. 1773.

Vos sapere et solos aio bene viuere,
quorum
Conspicitur nitidis fundata pecunia
villis.
Hor. Epist. XV. lib. I.

Mit einem Freunde, der sich auf den Reiz der Natur versieht, saß ich zuweilen auf einer Anhöhe bey seinem Landhause, wo uns ein schöner Sommerabend entzückte, schöner, als in der Nachbildung eines Claude Lorrain oder eines Thomsons. Unter unserm Gespräche bereitete das untergehende Licht das letzte Schauspiel des Tages, das die Landschaft verschönern sollte. Von einem gegen

gegen uns über liegenden Gebürge, zwischen dessen bebüschter Oeffnung es sank, streuete sich ein milderer Glanz über die reifenden Aehren bis an das Ufer eines tief unter uns gleitenden Flusses herab, an welchem, sorglos wegen seiner umhergrasenden Heerde, der Hirte sich mit der Angel belustigte. Hin und wieder vom Schatten der Buchen gebrochen wallete das Licht der Fluth unter die wiederscheinenden Fenster eines benachbarten Landsitzes hin, der halb im blaulichten Dufte ruhete, und über seinem Haupte einige rosenfarbigte Wölkchen schweben sah, indessen die ganze Abendseite unsers Sommerhauses leuchtete, und über die umherstehenden Bäume das Spiel eines sanften Schimmers verbreitete. Die Wonne dieses Anblicks ward durch die mannichfaltigen Scenen des Abends in einer bewohnten und reizenden Landschaft, durch die Milde des Himmels, und durch die Freundschaft erhöhet. Lange unterhielten wir
uns

uns dann über die Schönheit der Sommerhäuser; oft wurden während der ländlichen Muße unsre Erzählungen wiederholt, unsre Bemerkungen berichtigt; und allmählig ward der Stoff zu diesem Aufsatz, der Frucht einiger von mühsamern Beschäfftigungen befreyten Tage, zubereitet.

Nicht so unerheblich, wie vielleicht die Veranlassung, können Betrachtungen über Landhäuser und Gärten seyn. Sie erheitern die Phantasie, indem wir die mannichfaltigen Gegenden und Wohnungen durchirren, die von edlern Geistern zum ruhigen und bequemen Genuß der Annehmlichkeiten der Natur eingerichtet worden. Sie zeigen, welche Vortheile für die Gesundheit und für das Vergnügen man von der Lage und Bebauung der Oerter ziehen kann. Sie lehren den guten oder schlechten Geschmack in der Gartenkunst, und werfen nicht selten ein unerwartetes Licht über den Charakter des Privatlebens einer Nation,

Nation, so wie sie den Zustand eines Landes von einer Seite sehen lassen, von welcher er nicht wenig bemerkt zu werden verdient. Fruchtbarer noch scheint eine solche Betrachtung zu werden, wenn sie sich über ein Land ausbreitet, das von einem milden und heitern Klima, von vorzüglichen Schönheiten der Natur, und von den feinern Künsten vor andern begünstigt ist, und daher mehr Anlockung zum Aufenthalt auf dem Lande, und mehr Mittel zu seiner Veredelung hat.

Und sind nicht Landhäuser und Gärten Zeugen des öffentlichen Geschmacks, die niemals der Politik gleichgültig seyn sollten, nicht sowohl weil von ihrer Beschaffenheit ein Theil der Achtung oder des Tadels für eine Nation abhängt, als vielmehr, weil auch diese körperlichen Gegenstände eine sittliche Kraft auf die Gemüther der Bürger haben? Wie bezaubernd, und mit welcher Empfehlung des Staats und seiner Bewohner fällt nicht eine

mit

mit schönen Landhäusern und Gärten bereicherte Provinz in die Augen! Ja, bey dem täglichen Anschauen helfen sie die Empfindungen und Begriffe des Reinlichen, Harmonischen, Anständigen, Schönen und Angenehmen, die für die Kultur des Geistes und des Herzens so wichtig sind, verbreiten. Die Gartenkunst ahmt nicht nur die Natur nach, indem sie den Wohnplatz des Menschen verschönert; sie erhöht auch sein Gefühl von der Güte der Gottheit, sie befördert die Fröhlichkeit und Anmuthigkeit seines Geistes, und selbst das Wohlwollen gegen seine Nebengeschöpfe, so wie die Bewohner schöner Länder davon mehr haben, als die, welche das Schicksal in elenden Gegenden verkerkert hält. Die öden Wüsten Laplands und Sibiriens ermüden und schrecken nicht nur den Reisenden; sie vergraben auch den Geist und die Empfindungskraft des Einwohners, indem sie Unthätigkeit, Misvergnügen, ein mürriches und niedergeschlagenes Weſen einflößen. „Man hat in Schottland beobachtet, verſichert Home, *) daß ſo gar ein neu geebneter Landweg einen gewiſſen Einfluß von dieſer Art auf das gemeine Volk in der Nachbarſchaft des ebenen Weges gehabt. Sie bekamen einen Geſchmack für Regelmäßigkeit und Reinlichkeit, den ſie zuerſt auf ihre Vorhöfe und Gärten, und zunächſt auch auf ihre Zimmer ausbreiteten. Der Geſchmack für Regelmäßigkeit und Reinlichkeit, der auf dieſe Weiſe eine gewiſſe Stärke gewann, erſtreckte ſich allmählig auch auf die Kleidung, und endlich ſelbſt auch auf das Betragen und auf die Sitten. Ueber Gegenſtände von ſo wichtigen Einwürkungen werden einige einzelne Anmerkungen, wenn ſie dabey richtig und brauchbar ſind, nicht verwerflich ſcheinen können. Sie betreffen weder das Deconomiſche noch das Mechaniſche des Gartenbaues, ſon-

dern

*) Grundſätze der Kritik. 3. Th. S. 420.

dern blos gewisse Seiten des Schönen, ohne noch einen Anspruch auf das Verdienst einer vollständigen Theorie zu machen. Und wenn noch mehr Rechtfertigung für die Wahl des Gegenstandes gefordert werden sollte, so steht auf der einen Seite der vernachlässigte Geschmack der Deutschen in der Gartenkunst, und auf der andern das bisherige Stillschweigen unsrer Schriftsteller, die zu seiner Bildung etwas beytragen könnten, die wenigen und fast zu allgemeinen Regeln eines Sulzers *) ausgenommen, so vortrefflich sie auch sind.

*) Allgemeine Theorie der schönen Künste.

I.

Um vorher einen Blick in die Geschichte der Landhäuser zu werfen, die mit den Gärten, wenn gleich beyde nicht ganz einerley Regeln unterworfen sind, doch auf gewisse Weise ein Ganzes ausmachen; so fangen wir nicht erst bey den Lydiern und Milesern an, unter welchen sie nach dem Zeugniß einiger ältern Schriftsteller schon im Gebrauch waren. Noch viel weiter könnte man zurücksteigen, und bald an der Hand der Geschichte, bald mit Hülfe einer glücklichen Einbildungskraft, wie Geßner, sich ein angenehmes Bild von dem ländlichen Aufenthalt der ersten Menschen, und von dem Geschmack ihrer Wohnungen entwerfen, nachdem sie sich aus dem Stande der ersten Rohigkeit allmählig erhoben hatten. Denn in den Zeiten der Wildheit konnte die sanftere Empfindlichkeit für das Schöne, die von stärkern Leidenschaften

und

und Thätigkeiten übertäubt ward, noch nicht laut genug durchdringen. Erst mußte die Begierde zur Gewaltthätigkeit und zum Raube überwältigt, die Liebe der Ruhe befestigt werden; und Plutarch bemerkt ausdrücklich bey dem Leben des Numa, daß dieß bey den ältesten Römern durch nichts geschwinder bewürkt worden, als durch die Kultur des Ackerbaues und die Gewöhnung zum Landleben. Bey solchen Beschäfftigungen und bey den Annehmlichkeiten des Friedens konnten die feinern Gefühle, die zur Bemerkung und zum wahren Genuß der Schönheit erfordert werden, den Anfang ihrer Entwickelung nehmen. Einige Bequemlichkeit der Landhäuser folgte ohne Zweifel bald nach der Befriedigung der ersten Bedürfnisse, und mit jener blieb lange eine kunstlose Einfalt vereinigt. Dieß war auch der Charakter der Landhütten der ältesten Römer, ehe sie mit dem Ueberflusse und den Künsten bekannter wurden, da sie in der

villa

villa rustica noch nicht daran dachten, was eine urbana seyn würde. *) Auch konnte es nicht anders seyn, da sie nur für die Beschäfftigung mit ihren Aeckern und Heerden auf dem Lande wohnten, und fast kein anderes Vergnügen kannten, als was eine strenge Arbeitsamkeit gewährt. Mit der allmähligen Ausbildung ihres Geistes, mit dem Wachsthum des Reichthums und der Liebe zur Baukunst verfeinerte sich erst ihre Neigung zu Landhäusern und zu einer schönen Einrichtung derselben. Aber nicht lange darauf, und am meisten gegen das Ende der Republik, fielen sie, durch die eroberten Schätze und die Weichlichkeit fremder Sitten verleitet, auf eine Pracht und Ueppigkeit, die, wenn auch die Politik sie nicht mißbilligte, doch schon ein gesunder Geschmack verwirft. Die Liebe zum Landleben artete in eine Ausschweifung aus. Der ruhige und edle Genuß der Annehmlich=

keiten

---

*) Varro lib. I. cap. 13.

keiten der Natur ward von dem Luxus unterbrochen. Und die Menge und der Umfang der Landpalläste raubten nicht selten einen weiten nutzbaren Raum, der dem Pfluge gehörte. *)

Sehr flüchtig müßte der die Schriften der Römer gelesen haben, der nicht diesen ihren Enthusiasmus für den Aufenthalt auf dem Lande kennen sollte. Nicht nur die Bürger im geringern Verstande, die besonders durch die Vortheile der Kultur ihrer Ländereyen an diese Lebensart gefesselt wurden, sondern auch die vornehmen Familien suchten die Luft des Landes, als etwas, das unentbehrlich schien. Man hielt die Zeit der Ruhe und des Vergnügens auf dem Lande für so wichtig, daß man nach ihrer Dauer die eigentliche Länge des Lebens abzumessen anfieng. Der Consul M. Plautius rechnete die Jahre seiner

---

*) Varro l. c. und lib. 3. cap. 2. Horat. od. 15. lib. 2.

seiner ansehnlichen Bedienungen im Staat, seiner Feldzüge, seiner Triumphe von seinem wahren Leben ab, das er, nach der Aufschrift auf seinem noch bis jetzt erhaltenen Grabmaal ohnweit Tivoli, nur auf neun Jahre gebracht hatte, die er nämlich auf seinem Landhause genossen; und mit andern edeln Bürgern dachte selbst der Kaiser Diokletian auf eine ähnliche Art. Die besten Schriftsteller, und vornehmlich die Dichter wetteiferten, die schöne Natur, die sie liebten, zu erheben, und die Phantasie ihrer Mitbürger durch treffende Züge, oft durch malerische Beschrei=
bungen zu reizen. Das Gewühl der volkrei=
chen Stadt Rom ermüdete, wie die Staats=
angelegenheiten, die nicht blos den Senat, sondern auch die andern Bürger beschäftig=
ten; und die Sehnsucht nach Ruhe und Frey=
heit, die schon dem Menschen so natürlich ist, mußte dadurch noch heftiger werden. Mit allem diesen vereinigten das Klima und die

natür=

natürliche Schönheit Italiens ihre mächtigen
Einflüsse. Wie vielen Reiz mußten nicht be-
sonders damals die Gegenden haben, nach
deren Aussichten selbst noch die größten neuern
Landschaftmaler, ein Poußin, Breenberg,
Schwanevelt und andere fleißig studierten!
Man wird sich nach diesen Bemerkungen weniger verwundern, daß die Gegenden um
Rom nach Frescati, Palestrina und Tivoli
hin, der Meerbusen von Puzzuoli, so wie der
neapolitanische, und viele andere Plätze mit
Landhäusern gleichsam besäet wurden; und
daß besonders die Seite von Baja, dessen
Schönheit die Dichter nicht genug rühmen
können, ein bezauberndes Lustrevier ward,
wo man nur allein mit Vortheil den Brun-
nen zu trinken und Bäder zu gebrauchen
glaubte. Ein schönes Gebäude ward nach
dem andern auf dem trocknen Boden, nicht
weniger mit großen Kosten aus dem Meere
aufgeführt, und das engere Land konnte die

B   Menge

Menge der Landhäuser eines Lucullus, Hortensius, Marius, Cäsar, Piso und vieler andern kaum fassen. Vornehmlich hatten die Römer für Tibur, jetzt Trivoli, die lebhafteste Zuneigung. Horaz wünschte da sein Leben zu beschließen; Properz, Quintilian und andere feine Geister wählten hier ihre Landsitze; und man hielt die Luft für so gesund, daß Martial sich wunderte, wie Kuriaz daselbst sterben können. Alles dieses, und noch mehr, ist mit den Zeugnissen der Alten so bekannt, daß weiter nichts als ein Wink zur Wiedererinnerung nöthig zu seyn scheint; eine Wiedererinnerung, wie sie Thomson in einem nur allgemeinen, aber lebhaften Gemälde giebt.*) "Siehe, wie die Villen Fröhlichkeit über die Gefilde ausbreiten, und sich in lebendiger Aussicht erheben, hier an dem versteckten Falle von Bächen, die jetzt verlohren, und von Strömen, die durch Gesänge

*) In dem Gedicht über die Freyheit.

schöne berühmt sind; dort im umschlossenen Thale Umbriens, oder auf der Höhe seiner warmen Hügel, welche die süßduftige Luft athmen; hier an der rebenvollen Küste von Baja, wo ruhige Seen, von sanften Westwinden gefächelt, unaufhörlich das Ufer küssen, und unbewölkte Sonnen durch die reinste Luft scheinen; dort in der weiten Nachbarschaft von Rom; wie sie weit hinaufglänzen bis an die sabinischen Hügel, bis an den brausenden Anio, und Tiburs Olivenschatten; bis hin, wo Präneste seine Stirn in die Luft hebt; und wie sie hinabwärts sich bis an das sonnigte Ufer ausbreiten, bis dahin, wo Alba Kühlung aus dem Meere schöpft."

So wohl aus den neuern Entdeckungen, als auch aus den Beschreibungen der alten Schriftsteller erhellet, daß die Römer die angenehmsten Lagen für ihre Landhäuser aussuchten. Nicht des prächtigen aber spätern Landhauses des Diokletian in Dalmatien zu gedenken, so waren die Lusthäuser der verschütteten Städte, die nicht auf einer Höhe, wie die zu Pompeji, lagen, am Meer erbauet und in daſſelbe hineingeführt, ſo wohl der Geſundheit als auch des Vergnügens wegen, das der Genuß der Kühlungen der See gewährt. Die Villa des Cicero bey Aſtura lag im Meer; auch Lukullus bauete bey Baja Wohnungen von ſeinem Landhauſe bis ins Meer hinein. Selbſt eine Menge von Beſchreibungen redet für die ſchönen Gegenden, die man für die Landſitze wählte. Horaz hat davon verſchiedene Bilder; aber die Gemälde des Plinius von ſeinem Laurentin und Tuſci *) verdunkeln faſt alles, was das Alterthum von dieſer Seite rühmt. Die immer abwechſelnden Ausſichten des erſten bald nach dem Meere, bald nach Wäldern und fernen Bergen, bald nach anmuthigen Landhäuſern um den Strand her, bald nach Wieſen und

*) lib. 2. epiſt. 17. lib. 5. epiſt. 6.

und Heerden hin, machten diesen Sitz zu einem Elysien, und zum Glück ward er von einem Geist bewohnt, der seine Annehmlichkeiten zu fühlen fähig war. Die Zimmer waren mit einer gleichen Aufmerksamkeit für die Unterhaltung des Auges und des Geistes angelegt. In einigen konnte man sich über den Anblick und das Getöse des Meeres ergötzen; in andern, die mehr nach der Mitte der Gärten zu lagen, vernahm man dieses Geräusch aus der Ferne, wie ein gelindes Gemurmel; und in noch andern ward man ganz einer tiefen Stille übergeben. Nicht weniger reizend war das andere berühmte Landhaus des Plinius, in der Nähe des apenninischen Gebürges. „Man stelle sich, schreibt er, ein Amphitheater von einer unermeßlichen Ausdehnung vor, dergleichen nur allein die Natur zu bilden vermag. Eine breite und weit ausgestreckte Ebene wird von Bergen umgürtet, deren Gipfel hohe und bejahrte Wälder

Wälder trägt. Da kann man beständig eine mannigfaltige Jagd anstellen; von da senken sich mit dem Abhange des Berges eingehauene Hölzungen herab; zwischen ihnen liegen fette erdreiche Hügel, (nicht leicht wird man auf einen Stein stoßen, auch wenn man ihn sucht) die auch den ebensten Feldern nichts an Fruchtbarkeit nachgeben, und worauf eine segenvolle Aernöte zwar spät, aber nichts desto weniger ihre ganze Reise gewinnt. Tieser unter ihnen herab erscheinen auf allen Seiten Weinberge. Die Wiesen schimmern von den Farben der Blumen, und sind voll von Klee und andern zarten Kräutern, die von rieselnden Bächen gewässert immer ein frisches Ansehen behalten. Mitten durch die Landschaft ergießt sich die Tiber, die auf Ihren Schiffen die Früchte des Landes Rom zuführt. Aber eine noch größere Wollust gewährt der Anblick dieser Gegend, wenn man sie von einem Berge betrachtet. Alsdann

glaubt

glaubt man, nicht blos eine natürliche, sondern eine nach dem höchsten Ideal der Schönheit nachgebildete Landschaft vor sich zu sehen; von einer solchen Mannigfaltigkeit, von einer solchen Anordnung wird das Auge, wohin es sich nur wendet, entzückt. Das Landhaus hat auf dem Abhange eines Hügels eine Aussicht, als wenn es auf dem Gipfel läge. Die Anhöhe erhebt sich so allmählig, und unvermerkt, daß sie beym Hinaufgehen auf eine angenehme Art überrascht, indem man, wenn man noch nicht einmal zu steigen glaubt, sie schon erstiegen hat. Hinter sich hat das Landhaus das apenninische Gebirge, wiewohl noch in einer ziemlichen Entfernung. Von daher kömmt an heitern und stillen Tagen eine frische Luft, aber der Wind ist nicht scharf, noch gar zu stark, weil er von der Entfernung des Orts, woher er weht, geschwächt wird." — Noch weiter malt Plinius die Anmuth dieses Landsitzes aus.

Der weiße Marmor, der zu den römischen Villen besonders in den letzten Zeiten der Republik gebraucht ward, mußte ihnen ein sehr lebhaftes Ansehen geben, und in der Ferne von einer schönen Würkung seyn. Wenn die Häuser in der Stadt gewöhnlich nur von zwey Stockwerken waren, so hatten insgemein die Landhäuser nur eine Etage, wiewohl sich bey den neuern Entdeckungen *) Ausnahmen gefunden. Nach dem Bericht des Valerius Maximus **) ward M. Aemilius Porcina indessen zu einer Geldstrafe verurtheilt, weil er ein Landhaus in der Nachbarschaft von Rom zu hoch gebauet hatte.

Die

---

*) Winkelmanns Anm. über die Baukunst der Alten S. 34. Einige neuerlich entdeckte Villen beschreibt er im Sendschreiben von den Herkul. Entdeckungen S. 27=29. ingleichen in den Nachrichten von den Herkul. Entdeckungen S. 24. 25, Andere Ruinen von römischen Villen werden in den Volkmannischen Nachrichten von Italien an ihrem Ort häufig angezeigt.

**) lib. 8. cap. I.

Die innern Verzierungen mit Marmor, mosaischer Arbeit, Vergoldungen, Gemälden und Statuen, (die aber doch zum Theil Bildnisse berühmter Vorfahren und andrer großer Männer vorstellten, deren Andenken dem Vaterlande heilig war, und Nacheiferer erwecken konnte,) wurden zuletzt so häufig, daß sie nicht mehr Gegenstände des Geschmacks und der Anmuth, sondern einer gesuchten Ueppigkeit waren.

Wenn Baja und andere Gegenden den ankommenden Gast nur zur Wollust hinrissen, so theilte hingegen der weisere Römer an andern Orten seine Zeit auf dem Lande zwischen der Sorge für den Feldbau, der Philosophie, und dem mäßigen Becher. Das Landhaus war ihm am liebsten, das er, wie Cicero, seine Academie nennen konnte. Er las, schrieb, unterredete sich, betrachtete fleißig die schöne Natur, und unterrichtete die vornehme Jugend, die ihn oft nach seinem Landsitze zu begleiten

gleiten pflegte. Bald beschäfftigte ihn seine Bibliothek, die selten dem Landhause fehlte, (und wie irgend einem in unsern Zeiten fehlen sollte); bald die Sorge für das Vaterland, die ihn oft von der stillen Flur in die Unruhen des Senats zurük rief. Müde von der ernsthaften Philosophie und von der Geometrie schöpfte er bey der Poesie und Musik neue Erfrischungen, und zuweilen ergötzte ihn das Fischen, oder die Jagd und das Bad, die ihre Einflüsse, die sie zunächst auf den Körper haben, auch über den Geist ausbreiteten. Oft erheiterte ihn der Besuch eines benachbarten Freundes, und der Abendschmauß in einer fröhlichen Gesellschaft; und selbst Kato war nach dem Bericht des Plutarch für diese Art des Vergnügens noch empfindlich genug. Man lobte an der Tafel vortreffliche Männer, vergaß unter ihrem Lobe alles, was die Welt verdrüßliches hat, und glaubte des Landlebens nicht würdiger zu seyn,

seyn, als sich mit so erheblichen Gedanken und Gesprächen, wie einst M. Varro, zu beschäfftigen.*) Die Lebensart des Plinius auf seinem Landhause, die er uns genau genug beschrieben,**) enthält das Muster eines weisen und glücklichen Landlebens, das damals so mancher edle Römer genoß.

Aber dahin ist alle diese Herrlichkeit der Villen, die das römische Italien zierten. Die Zeit, das Erdbeben, das Meer, und die Verwüstungen der Barbaren haben davon nichts als einige Ruinen gelassen, und von der großen Menge der Landhäuser ist nicht ein einziges ganz verschont geblieben. Oede, menschenleer und von einer bösen Luft angesteckt trauren jetzt die Gegenden, wo ehemals so viele prächtige Villen die angenehmsten und fruchtbarsten Landschaften beschatteten; und mit einer Empfindung vermischt von Ehr-

furcht,

*) Cicero Orat. Phil. II.
**) lib. 1. epist. 9. lib. 9. epist. 36.

furcht, die das Alterthum einflößt, und von Wehmuth, die der Anblick der Zerstörung schöner Werke erregt, betrachtet der Reisende die Ueberbleibsel, die hie und da dem Auge begegnen, und zum Theil von den Händen der Unwissenheit verworfen, verbauet und dadurch noch unkenntlicher gemacht sind. Ein Verlust, den alle übrig gebliebene Beschreibungen, so verständlich sie ehemals mögen gewesen seyn, und selbst so manche nur wahrscheinliche Abbildungen nicht ganz ersetzen können. *)

Die

―――――――――
*) Einige der besten hieher gehörigen neuern Schriften sind 1) Georg. Graevii de rusticatione Rom. et de villarum antiq. Structura apud eosdem comment. Lips. 1667. Diese Abhandl. ist in dem 1sten Th. des novi thesauri antiq. Rom. cong. ab A. H. de Sallengre, Hagae-Com. 1716. wieder abgedruckt. 2) The villas of the Ancients illustrated by Robert Cartell. London. 1728. gr. Fol. Es enthält zugleich einige schöne, wiewohl nicht ganz richtige, Abbil-

Die Zeiten, die nach dem Ende der römischen Republik folgten, die Gewaltthätigkeiten verschiedener Kaiser, die Einfälle barbarischer Völker, und die mit unzähligen Unruhen

Abbildungen der plinischen Landhäuser. 3) Scamozzi Werk: l'Idea dell' Architettura universale, im 12ten Cap. des 3ten B. 4) Les plans et les descriptions de deux maisons de campagne de Pline, Paris 1699. Dieses Werk des Felibien ist auch im 5ten Tom. der Entretiens sur les vies &c. des peintres et archit. à Trevoux 1725. befindlich. 5) Krubsacius wahrscheinlicher Entwurf von des jüngern Plinius Landhause und Garten. Leipzig. 1760. Alle drey letztern Schriftsteller haben Risse von dem plinischen Landhause geliefert, mit dem Unterschiede, daß Scamozzi seinen italienischen und Felibien seinen französischen Geschmack hineingetragen, H. K. aber, der sich genau an die Beschreibung gehalten, seinen Entwurf weit besser und am wahrscheinlichsten gemacht hat. 6) Delices des maisons de campagne appellées le Laurentin et la maison de Toscane. 8. Amsterdam 1736. Man findet darinn die scamozzische Beschreibung, Risse, und einige andere aus dem Plinius übersetzte Nachrichten.

ruhen wieder einreißende Wildheit, unterdrückten den Geschmack an dem Landleben, je mehr jetzt die schöne Natur und die vormals so angenehmen Landsitze verheert wurden. So viele Verwüstungen, die schnell hinter einander in Italien einstürmten, mußten auch diesen reizenden Scenen, wie vielen andern, bald einen völligen Untergang zuziehen. Der Barbar siegte über den Menschen, wie über die Künste. Die Waffen wurden wieder die vornehmste Beschäfftigung; und die Vermischung der abergläubischen Gesinnung mit der kriegerischen mußte bald einen Geist ausbreiten, der von den reinen und edlen Freuden der Natur abführte. Die Vermengung so vieler verschiedenen Völkerschaften half nicht weniger einen verdorbenen Geschmack erzeugen. Das unbeschützte Eigenthum ward geraubt und verändert; und wenn der Feldbau noch einige Kultur empfieng, so war es blos Nothdurft, die dazu trieb. Man fieng

fieng an, die Gegenden für die schönsten zu halten, wo ein Kloster neben dem andern wohlgemästete Müßiggänger nährte. Die Baukunst schien sich ein Verdienst der Heiligkeit daraus zu machen, bloß Kapellen und Kirchen zu errichten. Und wenn sie sich mit andern Gebäuden befaßte, so waren es gothische Klumpen von Schlössern, mehr zur Vertheidigung, als zur Anmuth, mehr schrecklich als schön, auf steilen Felsen in wilden Gegenden aufgethürmt.

Mit der allmähligen Wiederherstellung des Friedens, der Vernunft und der Künste kehrte der Mensch zu sich selbst zurück, und näherte sich wieder den sanften Umarmungen der mütterlichen Natur. Er empfand sein Unrecht, daß er sie verlassen hatte; und die wieder aufstehenden Künste erweichten dieses Gefühl noch mehr. Empfindlich erwachend für den Reiz des Schönen suchte er wieder die Natur in ihrer Heimath; und ihre Freundinn,

dinn, die Kunst, gesellte sich ihm zu, den Weg zu ihr anmuthiger zu machen. Das Land ward wieder mit froher Empfindung bewohnt, und heitrer gieng die Sonne über die Landschaft auf, wo der Mensch sich von neuem glücklich fühlte.

Die schöne Baukunst, die mit der Zurückkehr der übrigen Künste in Italien aus den alten Ruinen gleichsam von neuem gebohren ward, breitete sich auch wieder über die Landhäuser aus. Es erhoben sich um Vicenza, durch den Geist des Palladio, um Rom, um Florenz, um Turin, und hier vornehmlich in der Vigne de la Reine Landhäuser, die sich durch die schöne Architectur empfahlen, und an die römischen Villen wenigstens eine angenehme Erinnerung erweckten. Die Könige von Frankreich, besonders Ludewig der XIV. unternahmen es, kostbare Lustschlösser aufführen zu lassen, die lange gepriesen und bewundert worden; aber die vielen gegründeten

Vor=

Vorwürfe, die ihnen Laugier *) macht, beweisen, daß sie nicht gänz das Lob verdienen, das ihnen die flüchtige Eitelkeit des Franzosen, und die gar zu gefällige Beystimmung des Ausländers beygelegt. Durch die Bekanntschaft, die der Britte auf seinen Reisen mit den Ueberbleibseln der griechischen Baukunst machte, erwarb er sich den ächten Geschmack, worinn er jetzt seine Landhäuser aufführt. Und wenn die Landhäuser der Schweizer, die so sehr die Ruhe und Annehmlichkeit des Aufenthalts auf dem Lande lieben, Aufmerksamkeit verdienen, so ist es mehr der gesunden und herrlichen Lage, als der Architectur wegen.

*) Essai sur l'Architecture, à Paris 1753. p. 159. Neue Anmerkungen über die Baukunst, ıc. Leipzig. 1768. S. 127. 128. 136 = 138.

II.

Worauf man zuerst bey der Anlage eines Landhauses zu sehen hat, ist doch wohl dieses, daß man eine gesunde Gegend wähle, die von einem heitern Himmel umflossen wird, weder umhersiehende Sümpfe und Moräste hat, noch zu sehr in Tiefen und Gebüschen versteckt ist, als daß sie von reinigenden Winden erreicht werden könnte. Auch nicht in einer zu großen Nähe des Meeres oder eines starken Flusses, noch einer volkreichen Stadt, deren Ausdünstungen und Rauch eine ganze sonst gute Gegend verderben können. Wenn diese Regel nicht schon dem gemeinen Verstande durch eine unmittelbare Empfindung beygebracht wäre, und wenn dabey nicht so viele alte und neuere Schriftsteller *) sie wiederholt

*) Z. B. Columella lib. I. c. 4. u. 5. Varro lib. I. c. 12. Pallad. lib. I. T. 16. Plin. Nat. Hist.

derholt hätten, so könnte man sich vielleicht weniger darüber verwundern, daß so oft wider sie gefehlt wird. Ein falscher Geschmack und eine bejahrte Gewohnheit aus den gothischen Zeiten machen oft mit allem Fleiß einen an sich guten Ort ungesund. Bald zieht man rings um das Gebäude so dichte und hohe Alleen, daß nicht allein ein wesentliches Stück, die Aussicht, verlohren geht, sondern auch keine erfrischende Kühlung mehr durchdringen kann, und die Luft ohne Bewegung bleibt. Bald wird um die Landhäuser ein tiefer Graben von stehendem faulenden Wasser geleitet, dessen Ausdünstungen desto schädlicher sind, je leichter sie in die nahen Gemächer eindringen; dahingegen, wenn das Gewässer fließend wäre, so wohl der Nachtheil für die Gesundheit

Hist. lib. 18. c. 6. Vitruv. lib. I. c. 4. Essai sur l'Architecture. p. 158. Laugier neue Anmerkungen über die Baukunst. S. 126. Sulzers allgemeine Theorie der schönen Künste. 1ster Th. S. 135.

heit verschwinden, als auch das Auge und die Einbildungskraft mehr Erfrischung erhalten würden. Unbegreiflich ist es, wie manche Schriftsteller eine solche verkehrte Anlage sogar als nothwendig empfehlen können. "Alle Landhäuser und Lustgärten müssen, um angenehm zu seyn, mit Gräben, Mauern, Palisaden und dergleichen umgeben seyn." So fängt ein holländischer Schriftsteller *) unter einem blendenden Titel seine Theorie an, und bewundert die ältern Landhäuser seiner Landsleute so treuherzig, daß sein Geschmack mehr Mitleiden, als Spott verdient.

Nach der Bequemlichkeit der Lage, die bey der Verschiedenheit der Absichten bald einen größern, bald einen eingeschränktern Umfang hat, und zugleich eine nicht gar zu weite Entfernung von einer Stadt in sich schließt,

*) Les agremens de la campagne ou remarques sur la construction des maisons de campagne. avec fig. Leide 1750. 4.

schließt, ist hiernächst die Annehmlichkeit zu suchen. Diese wird von der Natur angeboten, und von der Kunst erhöhet; von beiden kann sie eine unendliche Mannigfaltigkeit erhalten. Die verschiedenen Lagen und Mischungen der Berge, Ebenen, Thäler, Wiesen, Wälder, Gebüsche, Seen und Flüsse vervielfältigen schon bis zum Erstaunen die Annehmlichkeit; und der Kunst ist es vergönnt, bald durchs Hineinschaffen, bald durchs Wegnehmen oder Versetzen die Menge der natürlichen Abwechselungen zu vermehren. Der Trieb zum Vergnügen lockt uns, die angenehmsten Plätze aufzusuchen, und die Vernunft billigt ihn, wenn er nicht wichtigern Bestimmungen widerspricht. Ich werde daher keine finstern, melancholischen Einsiedeleyen suchen, keine ebenen von Wald und Gebüsch entblößten Felder, wo die Kunst mir nicht leicht den Mangel des Schattens und des fließenden Wassers ersetzen kann; sondern

C 3   offene

offene Schauplätze der Natur, Gegenden, aus welchen mir die Heiterkeit der Schöpfung hell und unaufgehalten entgegen lacht, wo keine Einförmigkeit, keine Einschränkung, wie in dem Kerker der Städte, wo Freyheit, Vielheit, Größe und Mannigfaltigkeit der Aussichten das Auge beschäfftigen und den Geist erheben. Eine mittelmäßige Höhe ist die angenehmste, so wie sie die gesündeste und bequemste ist, und selbst das Gebäude am vortheilhaftesten zeigt.*) Aus einem Landhause auf dem Gipfel eines Hügels oder an dem Abhange eines Berges kann ich freyer und vergnügter athmen, und, wenn ich die Weite der Landschaft überschaue, mehr entzückende Bilder einsammlen, erhabnere Empfindungen schöpfen, und mich leichter über die kleinen Sorgen und Beschäfftigungen der Erde hinausheben. Dann habe ich auf einmal

*) Columella lib. I. c. 2. et 4. Varro, Sulzer, Laugier, l. c.

mal einen ganzen reichen Genuß der herrlichen Aussichten, die ein Haller, Kleist und Uz nur nach und nach der ungeduldigen Phantasie vormalen. Aber dabey werden noch immer zur fortdauernden Unterhaltung mehr Gegenstände da seyn, die sich in der Ferne verlieren, als solche, die nahe liegen; Prospecte, die Fortschreitung und Vervielfältigung, nicht aber eine plötzliche und deutliche Auswickelung haben. Die Kunst bietet ihren Beystand an, um die Aussichten zu erweitern und zu verschönern, den Flüssen und Bächen einen Lauf, den Bäumen und Gebüschen eine Stelle, dem Schatten und Licht eine Vertheilung zu geben, die mehr den Reiz des Ganzen erhöhen, und gleichsam rings umher eine neue Schöpfung hervorzurufen.

Nicht alle die besondern Regeln, die einige ältere und neue Schriftsteller über die Stellung des Vordertheils und des Hintertheils gegeben, lassen sich überall anwenden.

C 4 Alles

Alles was man darüber anrathen kann, ist, daß man jedesmal sowohl auf das Klima des Landes als auch auf die besondere Lage der Gegend merke, und das beobachte, was diese erfordern. So wird z. B. die Seite des Landhauses, auf welche heftige Winde am meisten zu stürmen pflegen, nicht ganz frey liegen dürfen; es schütze sie ein angränzender Wald, oder eine Anhöhe.

Wahl, Ordnung, Reinlichkeit, Schönheit und Annehmlichkeit müssen nahe um das Wohnhaus am meisten ausgebreitet seyn, und eine Scene darstellen, wo die Kunst, ohne den Schein des Gezwungenen, ohne nichtsbedeutende Spielwerke, die Natur zu einem vorzüglichen Grad der Vollkommenheit erhoben hat.

Der zunächst vor dem Landhause liegende Platz darf also eben so wenig durch Hecken und Alleen, als durch Gebäude versperrt werden, so sehr es auch gewöhnlich ist, sich durch solche

Vor-

Vorlagen, besonders durch hohe und dickbe-
laubte Bäume, einzukerkern. Diese, die
nicht allein die Luft dumpfigt machen, sondern auch das Ungeziefer, das sie nähren, in
die Zimmer bringen, rauben zugleich einen
der ersten Vorzüge, die Landhäuser haben
sollen, die Freyheit der Aussicht. Die besonders in Deutschland eingeführten Umzäu-
nungen der Landhäuser können, aus diesem
Gesichtspunct bemerkt, nicht anders als verwerflich erscheinen.

Die Absicht, einen vollkommenen und un-
gestörten Genuß des Annehmlichen zu haben,
befiehlt, ganz nahe und vor dem Landhause
nur solche Gegenstände hinzustellen, die einen
erfreulichen Anblick geben, und alle diejeni-
gen zu entfernen, die dagegen streiten, oder
gar einen ekelhaften Eindruck zu erregen fähig sind. Nach diesem Grundsatz wird der
Erbauer eines schönen Landhauses es nicht
mit einer Menge von Gebäuden, die zunächst

der Landwirthschaft gewiedmet sind, als Scheunen, Viehställen u. dergl. unmittelbar umzingeln, und sich dadurch des freyen Genusses der Aussicht und einer reinen Luft berauben. So sehr das Gegentheil auch von einer fast allgemeinen Gewohnheit in verschiedenen deutschen Provinzen eingeführt ist, so sehr ist es doch wider die Bedürfnisse unsrer Vorstellungskraft und wider den guten Geschmack. Nicht um etwas, das ohnehin nicht geschehen würde, die Umsetzung der landwirthschaftlichen Gebäude, die einmal da stehen, fordern zu wollen, noch viel weniger aus einer unbilligen Verachtung gegen öconomische Einrichtungen, sondern blos um dem künftigen Erbauer eines Landsitzes einen nützlichen Wink zu geben, wird diese Bemerkung eingestreut. Es ist doch bekannt, wie viele adeliche Landsitze die sonderbare Anlage haben, daß aus den gerade vor oder allernächst neben dem Wohnhause liegenden Gebäuden.

man=

mancherley Unbequemlichkeit, Unreinigkeit, und ekelhafte Empfindungen entspringen, und daß es oft erträglicher seyn würde, in einer engen schmutzigen Gasse der Stadt, als an einem solchen Orte zu wohnen. Nicht einmal zu gedenken, wie viel durch eine solche Verzäunung und widrige Nachbarschaft selbst dem Ansehen des schönsten Landhauses entgehen muß. Und wie wenig Mühe wird ein verständiger Baumeister anwenden dürfen, um einen für die landwirthschaftlichen Gebäude geschickten Platz in einer bequemen Entfernung von dem Wohnsitze auszusuchen?

Wie der Zugang zum Landhause am besten anzulegen ist, darüber giebt Home *) eine

---

*) Grundsätze der Kritik. 3. Th. S. 371. Man sehe die Beschreibung eines schönen Zuganges zu dem Landgute des Lords Cadogan bey Reading in den Betrachtungen über das heutige Gartenwesen ꝛc. aus dem Englischen. Leipzig. 1771. S. 170 = 176.

eine schöne Regel, die hier wiederholt zu werden verdient. "Der Zugang zum Wohnhause muß nicht in einer geraden Linie gezogen werden; weit besser ist ein schiefer Weg in einer schwankenden Linie, mit einzelnen Bäumen, und andern zerstreuten Gegenständen darzwischen. In einem geraden Zugange hat man immer einerley Gegenstand vor sich, bis man zum Ende kömmt; man sieht ein Haus in der Entfernung vor sich, und man sieht es den ganzen Weg fort immer auf derselben Stelle, ohne die geringste Veränderung. In einem hin und her gehenden Zugange setzen die dazwischen stehenden Gegenstände das Haus dem Scheine nach in Bewegung; es bewegt sich mit dem Gehenden, und scheint seinen Weg so zu richten, daß es ihn, so zu sagen, gastfreundschaftlich auffängt. Ein krummer Zugang vermehrt auch die Mannigfaltigkeit; indem das Haus immer in verschiedenen Richtungen gesehen wird,

wird, so scheint es bey jedem Schritt eine neue Figur anzunehmen."

Nichts ist unschicklicher und fällt schlechter in die Augen, als wenn die benachbarte Gegend des Landhauses öde und verwildert ist, und überall Spuren der vernachläßigten Kultur zeigt, wenn die Wege unverbessert und schmutzig da liegen, und außer der Gefahr und der Unbequemlichkeit noch verdrießliche und ekelhafte Bewegungen erwecken. Es giebt so manche schöne Landhäuser, die das Vergnügen, das sie gewähren, nicht wenig durch die Beschwerlichkeit des Weges stören, auf welchem man sich zu ihnen durcharbeiten muß. Diese Sache ist doch wohl wegen ihres mannigfaltigen öffentlichen Einflusses keine Kleinigkeit; und wenn alle Besitzer der Landgüter ihre Aufmerksamkeit auf diesen Punct, der zum Theil ihre eigene Ehre betrifft, richten wollten, so könnten bald viele Gegenden die Verbesserung würklich erhalten, die bisher

blos

blos gewünscht worden. Will man auch nicht auf die Verschönerung sehen, die dadurch einem Lande zuwächst, so sollte doch der ausgebreitete Nutzen eine Anstalt von dieser Art befördern.

Ein Weg in der Nachbarschaft eines Rittersitzes sollte sich doch wohl von der gemeinen Landstraße unterscheiden, und durch mehr Bequemlichkeit, Regelmäßigkeit und Anmuth einen vorläufigen anständigen Begriff von dem Character des nahen Wohnhauses, und seines Besitzers erwecken. Er kann, um mehr verschönert zu werden, nach der Beschaffenheit der umher liegenden Gegenstände und zur Gewinnung angenehmer Prospecte bald hie, bald da, eine Krümmung machen; und die Veränderung der Auftritte vergütet den längern Umweg.

Die Bauart des Landhauses muß seiner Bestimmung wegen in einem angenehmen und reizenden Geschmack seyn. Das Prächtige und

und Majestätische schickt sich nicht dazu, ob gleich königliche Lustschlösser durch den erhabenen Character des Bewohners eine Ausnahme fordern können. Gewöhnlicher Weise sind die Landhäuser Wohnungen für Personen von mittlerm Stande oder von einem solchen, der zwischen dem mittlern und dem ganz hohen liegt; und der Zweck des Aufenthalts in diesen Wohnungen ist der ruhige und freye Genuß der Vortheile des Landlebens und der Annehmlichkeiten der Natur. Die Schönheit dieser Gebäude muß sich also auf bescheidene Simplicität und Anmuth einschränken. Diese letzte Eigenschaft wird für die Landhäuser noch aus einem andern Grunde nöthig. Weil die Gegend um sie her angenehm ist, so erfordert der Begriff der Schicklichkeit und das Vergnügen der Uebereinstimmung, daß ein solches Gebäude, in der Verbindung mit so nahen Gegenständen, sich nicht zu merklich von ihrem Hauptcharacter entferne. Eine

elende

elende Hütte in einer öden Wüste befremdet nicht; aber ein zerfallenes oder schlecht gebauetes Landhaus in einer heitern reizenden Landschaft widerlegt oder stört gar die Bewegung, die diese erweckt.

Da die Gebäude gemeiniglich den ersten Eindruck machen, der sich über das Ganze der Gegend ausbreitet, so sollte man darauf bedacht seyn, daß dieser Eindruck weder widersprechend noch zu matt sey. Nur durch die Uebereinstimmung des Characters des Landhauses mit dem Character der Gegend kann eine gleichartige angenehme Empfindung erhalten werden. Die neuern englischen Landhäuser, die größtentheils in dem wahren Geschmack der griechischen Baukunst, so wie die Tempel in den Parks angelegt sind, verdienen von dieser Seite Beyfall und Nachahmung. Und in Ansehung der mannigfaltigen Aussichten sowohl nach dem Garten zu, als auch in die benachbarte Gegend hinaus, scheint

scheint St. Germain unter den größern französischen Lustschlössern ein Muster zu seyn. Vornehmlich geben demselben die allmählig in einer schönen architectonischen Ordnung sich bis an das Hauptgebäude erhebende Treppenwerke nicht allein ein großes Ansehen, sondern sie vervielfältigen auch die Aussicht mit jeder erreichten Anhöhe. *)

Die äußern und innern Verzierungen können bey Landhäusern eben so wenig willkührlich seyn, als in Palläsen, Kirchen und andern Arten von Gebäuden; und daß sie so wohl dem Character des Bewohners, als auch besonders der Bestimmung eines Landhauses gemäß

---

*) Da Gegenstände dieser Art deutlicher durch Zeichnungen und Kupferstiche, als durch Beschreibungen werden, so wird man die Architectur der englischen Landhäuser unter andern aus den neuern Blättern des Canot kennen lernen können. Von den französischen Lustschlössern sind mir nur die Abbildungen des Perelle zu Gesichte gekommen.

D

gemäß seyn müssen, ist eine Regel, die wohl keinem Zweifel unterworfen seyn kann. Alle architectonische Verzierungen müssen überhaupt mit den Gesetzen der schönen Baukunst übereinkommen, auch außerdem sich nach dem eigenthümlichen Character der Landhäuser selbst richten, die Anmuth und Freyheit des Hauptwerks an sich haben. Statüen mögen, wenn gleich Laugier dagegen eifert, auf dem Dache fürstlicher Palläste in der Residenz, des Eindrucks wegen, den sie von Würde und Größe geben, geduldet werden; aber auf dem ländlichen Lustschlosse scheinen sie schon mehr unnütze Verzierungen zu seyn, weil hier die Hoheit einen großen Theil ihres beschwerlichen Gepränges ablegt, und sich mehr der glücklichen Mittelmäßigkeit des Lebens nähert. Blumentöpfe, Vasen und andere ähnliche Arten von Zierrathen auf dem Dache der Landhäuser fallen so offenbar in das Unschickliche, daß man darüber kein Wort mehr verlieren

lieren darf, und zum Glück ist dieser sonderbare Geschmack schon an vielen Oertern aus seinem alten Besitz vertrieben. Ohne Zweifel haben die Engelländer erst von den Italienern die Mode angenommen, ihre Landhäuser mit Statüen, Büsten, Basreliefs und andern Werken der Bildhauerkunst, besonders aus dem Alterthum, auszuzieren. Manche Villen in Italien sehen eher einer Kunstakademie, als einem Landhause ähnlich. Indessen kann hier der Ueberfluß von Antiken noch eher entschuldigt werden, da sie übrig gebliebene Zeugen von den schönsten Jahrhunderten eben dieses Landes sind, ehrwürdige Heiligthümer, die an den Geist der grosen Männer erinnern, die vormals unter eben diesem Himmel wohnten, deren Asche unter eben diesem Boden ruhet. Auch möchten hier die mancherley Kunstwerke des Alterthums nicht gerade aus dem Gesichtspuncte der Verzierung, die sich für ein Landhaus schickt, beurtheilt

theilt werden dürfen; die Villen sind gleich=
sam Magazine, wohin alles bequem gebracht
werden kann, was nach und nach an Antiken
entdeckt wird. Wenn aber der Britte mehr
darauf sieht, um nur seine Landhäuser von
alten, wahren oder nachgemachten, Kunst=
werken, die er mit vielen Kosten herbeyholt,
recht voll zu füllen, als ob sich alle diese Zier=
rathen, zumal in einer so großen Menge, für
den Character eines Landhauses schicken; so
ist dieß doch wohl so etwas, das man über=
trieben nennt. Keine ungerechte Gleichgül=
tigkeit gegen die schäzbaren Ueberbleibsel der
alten Kunst, nur Widersetzung gegen den
Mißbrauch oder vielmehr gegen die unschick=
liche Anwendung, die man von ihnen zu ma=
chen pflegt, soll diese Bemerkung seyn. Gute
Gemälde verdienten schon an sich als eine
vorzügliche innere Verzierung in den Land=
häusern empfohlen zu werden, wenn man auch
nicht dazu einen höhern Grund in ihrer Kraft
sähe,

sähe, ihre moralischen Einwürkungen auf das menschliche Gemüth auch hier auszubreiten. Ein sonderbarer Einfall würde es seyn, alle Bildnisse, historische, gesellschaftliche, allegorische Stücke aus den Landhäusern in dem Vorurtheil zu verbannen; als wenn hier nur allein Landschaftgemälde einer Aufnahme würdig wären. Aber wie den Kirchen Vorstellungen der Andacht, und den Palläsen der Könige Abbildungen großer Thaten des Muths und der Menschenliebe besonders eigenthümlich zukommen, so können auch Landschaftstücke in den Villen den ersten Platz verlangen. Die reiche und mannigfaltige Natur, auch wenn wir sie täglich vor Augen haben, sättigt nicht so sehr, daß sie uns nicht in einer glücklichen Nachahmung wieder gefallen sollte; und die schöpferische Kunst des Landschaftmalers weis der Phantasie tausend neue Bilder vorzuzaubern, die sie gerne auffängt, weil sie sich gerne aus ihnen ein frohes Schau-

spiel

spiel erneuert. In Zimmern, mit schönen Landschaftgemälden bereichert, athmet alles um uns her die liebliche Luft des Landes. Kein Widerspruch der äußern Eindrücke, keine Befürchtung des Ekels, wenn wir aus dem Freyen hereintreten; sondern eine Harmonie des Ganzen, die sich dabey durch die Abwechselung bey ihrem Vorrecht, uns immer zu vergnügen, erhält. Wir erfreuen uns wieder des anbrechenden Morgens mit Lukas von Uden, der Abendsonne mit Voth oder Gillee. Mit Poelemburgs Nymphen durchirren wir Hügel und Wälder, oder schleichen der Diana unter die kühlenden Schatten zum Bade nach. Bald wohnen wir beym Tenier einem fröhlichen Dorffeste bey, oder wir sehen den Aerndten, Weinlesen, Wasserfahrten und Jagden des Paul Bril zu. Bald führt uns Sachtleben auf Berge, die mit den schönsten Thälern abwechseln. Bald ergötzen uns die im Gebürge weidende Heerden des Berchem. Dann

Dann reißt uns Ruisdael von den lieblichen Scenen der Natur weg zum Anblick schäumender Wasserfälle hin, aber Wilhelm van der Velde beruhigt uns wieder durch das stille Wasser, worinn sich das sanfte Blau der Wolken und das begrasete Ufer spiegeln. Die Unschuld, die Zufriedenheit, die frohen Spiele der theokritischen Welt erscheinen uns in diesen Gemälden wieder, und vereinigt mit den Reizen der Natur laden sie uns zum Mitgenuß der süßesten Empfindungen ein. Es ist fast unmöglich, da nicht gerührt zu werden, wo man alles voll natürlicher Freude erblickt; und selbst dem zerstreuten Städter, der zum kurzen Besuch herbeyfliegt, entschleicht bey Poußins Arkadien vielleicht der Seufzer:

Warum muß ich im Lärm der Städte leben?
Hier könnt' ich froh, wie dieser Hirte, seyn!

III.

Die Gartenkunst ist in den neuern Zeiten, wiewohl in einem ungleichen Geschmack, doch mit mehr Fleiß, kultivirt worden, als im Alterthum. Wenigstens scheint es so, bey den mangelhaften und unbestimmten Nachrichten, die davon auf uns gekommen sind, und es läßt sich vermuthen, daß die alten Schriftsteller, die sonst jede Art des Ruhms und jedes Verdienst ihrer Zeiten um die schönen Künste so sorgfältig bemerkten, über diesen Punct mehr gesagt haben würden, wenn sie davon viel erhebliches mehr hätten sagen können. Und von der Vollkommenheit der einen Kunst bey einer Nation auf die Vollkommenheit einer andern zu schließen, ist eine Uebereilung, die, nachdem sie schon in Ansehung der Musik der Alten begangen ist, bey der Gartenkunst nicht noch einmal begangen werden muß. Wir wissen so viel, daß die Perser

und

und Griechen Gärten hatten, die damals berühmt waren, und daß besonders Plutarch in der Lebensbeschreibung des Alcibiades seine Gärten erhebt, die von den übrigen sich durch die Anmuthigkeit der Quellen und Wiesen und Verzierungen unterschieden. Die ältern Römer vernachläßigten die Gartenkunst; allein zu des Columella*) Zeiten ward sie fleißig getrieben und kam in Aufnahme. Die Nachrichten, die uns übrig geblieben sind, und selbst die vom Plinius, sind so unvollständig und dunkel, daß wir zwar verschiedene Gegenstände in den römischen Gärten, nicht aber, worauf es vornehmlich ankömmt, die Kunst ihrer Anordnung daraus hinlänglich kennen lernen. Aber so viel geben sie doch mit den übrigen Zeugnissen von dem Geschmack der Alten zu erkennen, daß damals die Gärten noch weit von den unendlichen kleinen

*) lib. 10. Praef. in carm. de cult. hort.

kleinen Künsteleyen entfernt waren, womit die neuern Zeiten sie verunstaltet haben.

Nach aller Wahrscheinlichkeit hatte dieser sonderbare Geschmack, der noch nicht ganz vertrieben ist, vornehmlich seinen Grund in dem Wahn, daß der nächste Platz um eine Wohnung mit ihr eine Aehnlichkeit haben, und die ganze Anlage und Einrichtung eines Gartens nach einer genauen Symmetrie abgemessen seyn müsse. Ein regelmäßiges Viereck, eine ganz gerade Ebene, oft durch mühsame Wegschaffung der natürlichen Erhöhungen erzwungen, ein breiter Hauptweg in der Mitte, zu den Seiten eine gerade Hecke oder Allee, zuweilen in possierliche Figuren geschoren, an allen vier Ecken ein roth angestrichenes Lusthäuschen, Fluren mit bunten Steinchen und Glas belegt, dann ein mit Buchsbaum oder mit Porcellainstücken gezogenes Wappen des hochadelichen Besitzers, überall eine ganze Völkerschaft von Puppen, vom

blitz=

blitzschleudernden Zevs bis auf den bockfüßi-
gen Satyr — dieß war ohngefähr der nied-
liche Geschmack in einer langen Reihe der
neuern Zeiten, der die Natur gerade da ver-
drang, wo sie vorzüglich ihren reizenden Wohn-
sitz haben sollte, und der durch die unerträg-
lichste Art von Gleichheit, Regelmäßigkeit
und alberner Künstelen ermüdete. Die meisten Gärten konnten nicht leicht eine Ueber-
schrift am Eingange finden, die für ihren Character treffender gewesen wäre, als diese:

Der Garten ist sehr schön geschmückt:
Hier Statüen und dort Cascaden;
Die ganze Götterzunft, hier Faunen, dort Najaden,
Und schöne Nymphen, die sich baden:
Und Sand, vom Ganges hergeschickt,
Und Muschelwerk und güldne Vasen,
Und Porcellan auf ausgeschnittnen Rasen,
Und buntes Gitterwerk, und — eines such ich
nur —
Ists möglich, daß was fehlt? Nichts weiter —
die Natur!

Weiße.

Der

Der größte Mißbrauch, den man von der Kunst gemacht, war gewiß der, da sie Gegenstände der Natur unter gewisse Regeln zwingen wollte, die sich am wenigsten auf sie anwenden lassen. Selbst die Schriftsteller, durch Gewohnheit und Vorurtheil verleitet, vergaßen sich so weit, daß sie diesen Geschmack öffentlich zu empfehlen, und ihn zu einem allgemeinen Gesetz zu erheben suchten.*) So leicht es dem Anscheine nach hätte seyn sollen, auf die Spur des Schicklichen in den Gärten zu kommen, so lange dauerte es doch, ehe man sie finden konnte. Das Anständige, Harmonische, Schöne war schon in tausend Werken der Malerkunst aufgestellt; und eben

die

---

*) Hieher gehört vornehmlich der so allgemein gelesene de la Plüche im Spectacle de la nature und der Verfasser der Agremens de la campagne &c. die überhaupt viele geschmacklose Anlagen der Gärten vorschreiben; nicht weniger die Verfasser der Artikel in der Encyclopädie, welche die Gartenkunst betreffen.

die Nationen, die diese Werke geliefert hatten, wußten noch nicht, was sie mit den Gärten anfangen sollten, und überließen sie den albernen Einfällen der Unwissenheit, oder einer unglücklichen Verkünstelung. Ja, was diese Bemerkung noch auffallender macht, so waren die vortrefflichsten Landschaftgemälde vorhanden; viele Künstler in Italien, den Niederlanden und Frankreich hatten darinn das Reizende der Natur, das sie nach ihren schönsten Seiten studierten, in dem ganzen Umfang nachgebildet, den nur die Gränzen der Kunst verstatten. Und noch immer dachte man nicht daran, daß der Garten eine Landschaft im Kleinen seyn sollte, abgesondert von der großen Masse einer Provinz, und durch den gefälligen Beystand der Kunst in natürlicher Schönheit erhoben. Ein entferntes Volk, sagt man, und es ist wohl unleugbar, dieses Volk, das sonst eben seines Geschmacks wegen keinen großen Anspruch auf Hochachtung

tung machen konnte, mußte dem schon aufgeklärten Europäer durch sein Beyspiel den ersten Wink geben, die ächte Gartenkunst zu erkennen. Der Chineser erleuchtete den Engländer, und dieser fieng an, die Aufklärung zu nutzen und sie weiter mitzutheilen. Nun begriff man, was man schon vorher hätte begreifen können, daß der Geschmack in Gärten, wenn er gut seyn soll, eben der seyn müsse, der in den übrigen schönen Künsten mit so vieler Anlockung und Unterhaltung herrscht. Man lernte einsehen, daß die Gartenkunst, wenn sie zu ihrer ursprünglichen Würde erhoben werden sollte, so wenig, als irgend eine der andern schönen Künste, das Unschickliche, das Einförmige, das Gezierte vertrage, und daß sie von einem sichern Gefühl des Schönen und von einer gesunden Urtheilskraft geleitet werden müsse. Man suchte Beobachtungen der Empfindung und die Kritik des Schönen auch auf diese Kunst

anzu-

anzuwenden, und mußte dabey sehr leicht wahrnehmen, daß eine nachläßigere Einrichtung weit mehr gefalle, als eine ängstlich ausstudierte Genauigkeit, daß aus dem Mangel der Freyheit und der Mannigfaltigkeit Ekel und Ermüdung entstehe, daß unverschlossene und anmuthige Aussichten, Abwechselung der Scenen und selbst eine gewisse Wildniß den sorgfältigsten Abmessungen und der pünctlichsten Regelmäßigkeit unendlich weit vorzuziehen sey, kurz, daß das durch die bescheidene Kunst verschönerte Natürliche allein das Vorrecht behalte, einen wahren angenehmen Eindruck zu machen, und selbst den Verstand zu ergötzen. Und wie viel würde nicht diese schöne Nebenbuhlerinn der Natur gewinnen, wenn diese Wahrnehmungen schon so weit ausgebreitet wären, als sie es verdienen, und die Kunst nicht auf der einen Seite durch die gar zu kühnen Ausdehnungen des Britten, auf der andern durch das alte

Vor=

Vorurtheil, das noch immer gegen sie an=
kämpft, in ihrer wahren Ausbildung aufge=
halten würde!

Noch wird man es dem Franzosen verge=
bens zu beweisen unternehmen, daß selbst die
weitläuftigen und kostbaren Gärten seines
Königs nicht in dem ächten Geschmack der
Gartenkunst angelegt sind, daß Kent ein weit
größeres Genie als le Notre ist, und daß Ha=
gley Versailles an Schönheit übertrifft. Ehe
Ludewig der Große erschien, waren freylich
die Gärten in Frankreich ein bloßer Sammel=
platz von Bäumen, Blumen, Rasen, und
Wasser, mit so wenig Geschmack und Absicht,
daß nach der Aussage der Franzosen nichts
wilder und nachläßiger war. Und doch wa=
ren wohl diese Gärten, worinn vielleicht nur
der Geist der Anordnung fehlte, mehr der
Natur gemäß, als die, welche nachher mit
so ungeheuern Kosten und unter einem so
rauschenden Beyfall angelegt wurden. Die

Lob=

Lobsprüche, welche auf die Arbeiten des le Notre zuströmten, wurden so allgemein, daß sie noch täglich von einem großen Theil der Nation, der sich so gerne durch sich selbst verblendet, und selbst von vielen ihrer Schriftsteller wiederholt werden. Man sah in den königlichen Gärten zu Versailles, Marly, St. Germain, Chantilly, Meudon, und andern, zierlich gezirkelte Blumenbeete, Terrassen, Fontainen, große Wasserkünste, hohe Hecken, Gitterwerke, Labyrinthe, Grotten, geschnitzte Arbeit, Statüen; alle diese Scenen sah man entstehen, und unter ihrem Ueberfluß und Pomp zugleich die Natur verschwinden. Es mochten Schönheiten für den Franzosen seyn, aber nach den Grundsätzen der Gartenkunst waren es übertriebene und zum Theil übel angebrachte Künsteleyen; es mochte Empfindung darinn seyn, aber eine falsche, Genie, aber ein solches, das aus Mangel einer glücklichern Richtung seine Kraft

E ver-

verschwendete. Nicht die Weitläuftigkeit und die Pracht, die in diesen Gärten herrscht, auch nicht die häufigen Geldversprechungen, die der entzückte Ludewig mit jedem Augenblick wiederholte, worinn er die Entwürfe des le Notre näher faßte, beweisen, daß die Kunst hier ein Vorrecht hatte, das Natürliche zu verdrängen. Die Bemerkung, die Home darüber macht, ist fast beschämend. „Man sollte, sagt er, glauben, die Natur wäre zu geringe gehalten worden, in den Werken eines großen Monarchen nachgeahmt zu werden, und daß man daher unnatürlichen Dingen den Vorzug gegeben, die man vermuthlich für wunderbar angesehen hat." Und doch können zuweilen noch Männer von Ansehen rühmen, daß diese gezierte Gartenkunst vor allen schönen Künsten in ihrem Vaterlande das besondere Glück gehabt, daß sie bisher noch nicht ausgeartet ist, d. i. sich nicht verbessert hat. Man hat bey der Anlage einiger fran-

französischen Gärten allerdings Wunder gethan, aber solche, die bey den freywilligen Wirkungen der Natur in andern Gegenden überflüßig waren, und deren Absicht auf einem ganz andern Weg hätte würklich erreicht werden können. Erstaunen und Bewunderung im Anfang, bald darauf Langeweile, und dann Ekel, dieß ist die Würkung, die selbst die Gärten von Versailles haben, denen übrigens schon mehr als ein Vorwurf gemacht worden ist.

Indessen hatte das Ansehen dieser Gärten, verstärkt durch den allgemeinen Ruhm des französischen Witzes, den Erfolg, daß dieser Geschmack in der Gartenkunst sich weiter ausbreitete, oder sich doch bey andern Nationen mehr befestigte. Das Vorurtheil, daß nichts schöner sey, als was unter dem vergötterten Ludewig ausgeführt worden, fesselte nicht blos den Franzosen, es band auch den Ausländer. Die Regelmäßigkeit ward überall Mode, aber zugleich desto ekelhafter, je mehr sie von Größe und Pracht verlassen ward, die man vergebens mit hundert neuen kleinen Künsteleyen zu ersetzen suchte. Le Notre, der zu seiner Zeit die Gartenkunst fast ganz allein regierte, gieng nach Italien, und gab den Plan zu verschiedenen Gärten an. Der spitzfindige Witz des Italieners kam dazu, und es entstanden Gärten, die sich noch mehr von den großen Schönheiten der Natur, so viel Muster ihm auch davon seine Landschaften anboten, entfernten, und sich zu einer Menge von kleinen Spielwerken erniedrigten. Der Niederländer war mit diesem Geschmack nicht übel zufrieden; er fügte vielmehr noch einige neue Puppenspiele hinzu; und war übrigens vergnügt, wenn er nur Blumen sah, die unter einem andern Himmel gebohren waren, und viel gekostet hatten. Und mein guter Freund, der Deutsche? Er machte es eben so, wie es ihm andere vorgemacht hätten.

IV.

Es ist gesagt, daß die chinesischen Gärten dem Engländer die Veranlassung gegeben, auf den Geschmack des Natürlichen und Großen in den Gärten zu kommen; und es ist der Verbindung und nähern Aufklärung dieser Anmerkungen gemäß, hievon noch etwas mehr anzuführen. Die Revolution, welche der Chineser in der neuern Gartenkunst hervorgebracht, ist überhaupt zu merkwürdig, als daß sie hier vorübereilen könnte, ohne einen aufmerksamern Blick zu erhalten.

Schon die Natur bietet in China die prächtigsten Lagen und Aussichten an.*) Und die Vorzüge der Gärten bestehen in der Schönheit und Mannigfaltigkeit der Scenen,

die

---

*) Designs of Chinese Buildings &c. by Mr. Chambers. London. fol. 1757. The Rise and Progress of the present Taste in Planting Parks, Pleasure-Grounds, Gardens &c. In a poetic Epistle &c. 4. 1767.

die so sehr in der Natur gefallen, und selbst in den kleinen angenehmen Nachläßigkeiten, die ihr nicht verwerflich scheinen. Die Gegend, die in einen Garten verarbeitet wird, theilet sich in mancherley Scenen von dieser Art. Krumme Gänge, durch Gebüsche gehauen, leiten zu immer abwechselnden Aussichten, und diese erheben den Reiz für das Auge bald durch ein Gebäude, bald durch einen andern mit Wahl hingestellten oder blos verschönerten Gegenstand, der anziehend, und die Würkung des Ganzen zu verstärken fähig ist. — Der Chineser nimmt dreyerley Arten von Scenen an, denen er in seinen Gärten einen Platz giebt; es sind lachende, fürchterliche und romantische, die mit einander geschickt verbunden werden. Für die letztern wird oft ein rauschender Bach unter der Erde weggeleitet; er ergötzt durch sein Geräusche und vergrößert die Aufmerksamkeit, da das Auge ihn vergebens sucht. Bald bringt die

Luft

Luft in Felsenritzen, in Oeffnungen durch Gebäude seltsame Töne hervor; oder verschiedene Eccho vereinigen sich, einen unerwarteten Eindruck zu machen. Um diesen zu vermehren, werden hier seltene Thiere, Bäume und Pflanzen unterhalten. Dunkle Grotten, überhangende Felsen und Wasserfälle, die von ihnen herunterbrausen, nahe umher krumm gewachsene Bäume, die hier vom Sturm zerrissen, dort von ihm in den Strom gestürzt zu seyn scheinen, andere, die das Ansehen haben, als wenn sie vom Wetterstrahl versengt wären, dann einige eingefallene, andere halb abgebrannte Gebäude und einzeln zerstreute Hütten, dieses zusammen macht die fürchterlichen Scenen in den chinesischen Gärten aus. Sodann wechseln sie mit lachenden ab, die durch immer unerwartete Abänderungen, sowohl in den Formen als auch in den Farben, im Licht und im Schatten, und durch einen angenehmen Kontrast

E 4   unter-

unterhalten. — Auf einem größern Platz ist gemeiniglich eine jede Scene für einen besondern Gesichtspunkt eingerichtet; auf einem kleinern, wo jenes nicht angeht, nehmen die Partien nach den verschiedenen Ansichten immer andre Gestalten an, und zwar so abwechselnd, daß man jedesmal etwas neues zu erblicken glaubt. — Größere Gärten, die zum Theil stark mit Bäumen bepflanzt sind, haben Scenen und Gebäude, die sich für jede Tageszeit schicken, und dem Genuß der ihnen eigenen Annehmlichkeiten gewidmet sind. Nicht weniger findet man in ihnen angelegte Seen, mit Inseln geziert, Flüsse, Kandle. Die Ufer sind bald sandigt und steinigt, bald mit grünen Anhöhungen und Gehölz bepflanzt, bald wieder flach mit kleinem Gesträuch und mit Blumen verziert, bald von steilen Felsen belagert, in deren Hölen und Klüften das Wasser mit einem wilden Getöse raset; überall die wahre Natur, immer an schönen Ab-

wech=

wechselungen reich. — Die Flüſſe und Bäche in den Gärten haben keinen geraden und einförmigen Lauf; anmuthiger werden ſie durch die Krümmungen, worinn ſie ſich fortſchlängeln, durch den bald ſchmalen bald breiten Raum, den ſie einnehmen, durch das hier ſtürmende Getöſe, dort ſanft murmelnde kleine Geräuſche, das bald darauf unter dem ſtillern Fortſchleichen allmählig verſtummt. An andern Stellen findet man Gebüſche, die hie und da von Bächen durchſchnitten ſind, auf welchen man in kleinen Kähnen fahren kann; bald iſt das liebliche Gewäſſer frey, bald mit einer grünen Decke von Laub beſchattet, und immer führt die Fahrt zu einer neuen angenehmen ländlichen Scene hin. — Auf den Fluren, die hin und wieder in den größern Gärten liegen, weidet zahmes Vieh, das die Gegend noch mehr belebt. Bey dieſem Geſchmack an den höhern Schönheiten der Natur ſcheinen dem Chineſer die Parterre, He-

cken,

cken, bedeckte Gänge und andere ähnliche Scenen unsrer Gärten nicht reizend genug zu seyn. Und wenn sich einmal Alleen finden, so haben sie meistentheils auf den Seiten Mauern, an welchen Weinstöcke oder Bäume gepflanzt sind, die an ihnen hinlaufen, und stoßen an Hügel, mit Gebüschen bekleidet, an deren Fuße Bäche rieseln, an Brücken, an kleine Lustwälder, und andere abwechselnde Gegenstände, die zur Vervielfältigung der Auftritte mit guter Wahl angebracht sind.

Man erkennt schon in diesem kurzen Abriß den Character der chinesischen Gärten, der ihrer wahren Bestimmung angemessen ist; und wenn man daneben die englischen Parks betrachtet, so wird es, außer den historischen Beweisen, noch sichtbarer, daß diese von jenen Nachahmungen sind, aber Nachahmungen, die, von mehr Genie und Beobachtung unterstützt, das Urbild übertreffen.

Bey

Bey allen Vorzügen, welche die chinesischen Gärten haben, scheint es indessen doch, daß sie oft das Wilde und Fürchterliche der Natur zu sehr übertreiben. Und wenn das Fürchterliche auch auf größern Gartenplätzen, die einer ausgebreiteten natürlichen Gegend näher kommen, verstattet werden kann, wenn es sehr sparsam und blos des Kontrastes und der Verstärkung der Hauptempfindung wegen angebracht wird; so ist es doch, weil es dieser leicht entgegen streiten kann, auf einem kleinen Raum eher ganz zu vermeiden, als daß es zu einer widrigen Würkung dahin gelegt wird. Zuweilen verleitet die Neigung zum Natürlichen den Chineser auch zu spitzfindigen Künsteleyen, wie z. B. die von hohen Felsengipfeln herabhangende Bäume sind, die in der Luft zu schweben scheinen. Als Werke des Zufalls können sie Bewunderung erregen; aber sie sind nicht Gegenstände des Geschmacks, die man mit Bedacht in einem Garten anbringen kann.

V. Der

V.

Der Britte ist nicht nur der erste, der die ächten Grundsätze der Gartenkunst in verschiedenen Schriften *) zu entwickeln versuchte; er ist auch der erste, der von ihnen eine glückliche Anwendung machte. Kent, ein Künstler von großem Geist und von feinem Geschmack, wagte es nach dem Anfang dieses Jahrhunderts, die Regelmäßigkeit und Einförmigkeit zu verlassen, und der Gartenkunst ihre Rechte wieder zu geben. Seine neuen Zeichnungen und Anlagen brachen auf einmal

---

*) Milton, Temple, Bacon, Pope, am meisten Addison im Zuschauer hatten schon eine Morgenröthe vor dem Anbruch des richtigen Geschmacks in der Gartenkunst aufgehen lassen. Nachher entstanden scharfsinnige und ausführliche Untersuchungen. Dahin gehören mit den schon angeführten Grundsätzen der Kritik von Home, und den Betrachtungen über das heutige Gartenwesen, dissertation on Oriental Gardening by Chambers, und The English Garden, by Mason.

mal die Bahn, wurden von dem National-
geschmack seiner Landsleute mit einer Art
von enthusiastischem Beyfall aufgenommen,
und der Gartenkunst konnte ein schneller Fort-
gang und eine immer bessere Ausbildung nicht
fehlen, nachdem sie einmal auf den rechten
Weg gebracht war. — Das Natürliche, und
das Große ist der eigentliche Charakter der
brittischen Gärten oder vielmehr der Parks.
Doch Parks und Gärten stehen ungefähr in
eben dem Verhältnisse gegen einander, wie
das größere Landschaftgemälde gegen das
kleinere; und die Grundsätze der erstern können leicht bey den andern ihre Anwendung
haben, wenn man nur zu beurtheilen weiß,
in wie weit sich das, was in einer ausgebreiteten Gegend schicklich ist, nach den Abänderungen, die ein engerer Platz erfordert, anbringen läßt. Der Britte verlangt einen größern
Raum, auf welchem er sich frey der Wirksam-
keit seines Genies überlassen kann. Wenn
er

er die verschiedenen Kräfte untersucht hat, welche Wasser, Felsen, Gebäude, Berge, Hügel, Waldungen, Bäume, und andere Gegenstände auf die menschliche Seele beweisen; so überlegt er, wie den Würkungen dieser Kräfte mehr Richtung, Stärke und besonders eine glückliche Harmonie durch die Kunst gegeben werden könne. Er merkt, wie der Landschaftmaler, auf das ganze Gemisch der Würkungen, welche die Lage, die Größe, die Entfernung, die Abwechselungen des Lichts und des Schattens, und die verschiedenen Zeiten des Tages hervorbringen; und selbst die kleinern Umstände, die sich in das Ganze mit Vortheil einflechten lassen, entgehen seiner Aufmerksamkeit nicht. — Am besten wird man den Charakter der englischen Gartenkunst aus den Beschreibungen einiger Parks erkennen, die zugleich der Phantasie eine angenehme Erfrischung anbieten. Aus der

grosen

großen Menge dürfen nur ein Paar der besten erscheinen, Wentworth und Hagley.

Der Park und die Gegend um Wentworth, einen Landsitz, der dem Lord Rockingham zugehört, *) sind überaus reizend. Von welcher Seite man sich auch demselben nähert, findet man prächtige Waldungen, ausgebreitete Wasserstücke, und zierliche Tempel. Die Prospecte sind so abwechselnd, daß es fast unmöglich ist, eine Beschreibung davon zu machen, ohne undeutlich zu werden. — Viele Gegenstände sieht man am besten bey der Haupteinfahrt von der Seite von Rotherham. Gleich zu Anfange ist der Anblick reizend; man sieht eine prächtige Reihe von Hügeln, Thälern, Seen und Wäldern vor sich, und im Mittelpunkte liegt der Pallast. Das Auge blickt natürlicher Weise

*) Arthur Youngs Reise durch die nördlichen Provinzen von England ꝛc. Leipzig, 1772. 1ster Th. S. 137.

Weise in das vor ihm liegende Thal hinab, und folgt dem sich durch daſſelbe krümmenden Waſſer. Gegen über führt eine weit ausgebreitete und mit einzelnen Bäumen beſetzte Anhöhe zu dem Wohngebäude hinan, welches ganz abgeſondert und edel da ſteht, und die Ausſicht über alle rings umher liegende Gegenden hat. Der Wald verbreitet ſich hier gegen alle Seiten auf eine unbeſchreiblich prächtige Weiſe. Auf der linken Seite erhebt ſich mitten im Walde eine Pyramide, und von hier führt der Weg nach einem abhängigen Hügel, der über hundert Acker Waldes in ſich faßt, und das ſchönſte Amphitheater darſtellt. — An einem Orte ſteht ein Tempel von bäuriſchem Werke auf einem wellenförmig aufſteigenden Hügel, und auf einem andern ein ioniſcher von leichter Architectur, welcher den umliegenden Hainen eine Zierde giebt. Von hier zeigt ſich das Wohngebäude am vortheilhafteſten; denn von andern

benach-

benachbarten Plätzen scheint es zu niedrig zu liegen. Aus diesem Gesichtspuncte zeigt sich das Gegentheil; denn vor sich hat man einen allmählig aufwärts steigenden Hügel, auf dessen Hälfte das Gebäude steht; von hier hat man noch eine steile Anhöhe vor sich. Läge es ganz oben, so verlöre man den Prospekt aller schönen Pflanzungen jenseits des Hauses. — Wenn man von hier in den Wald hinabgeht, durch welchen der Weg führt, so fällt einem ein artiger Prospekt in die Augen. Erst krümmt sich das Wasser auf eine angenehme Weise durch das Thal, und auf der andern Seite erhebt sich eine Anhöhe bis zu gedachtem bäurischen Tempel, an welchen hinterwärts ein finsterer Wald stößt. Auf der rechten Seite ist eine Anhöhe mit allerley Gebüschen besetzt; oben auf derselben steht eine Pyramide, welche ihre Spitze aus einem dicken Klumpen von Bäumen erhebt; alles zusammen thut eine große Wirkung.

F   Im

Im Mittelpunkte des Prospekts sieht man, zwischen Hügeln hindurch, das Wohngebäude liegen. Etwas mehr linker Hand formiren eine Menge Eichen, die aus andern Gesichtspuncten besondere Klumpen ausmachen, einen ansehnlichen Wald, der sich von der Spitze des Wassers gegen die Anhöhe auf der linken Seite des Hauses erhebt, und zuletzt wird man den ionischen Tempel an einem reizenden Orte gewahr, wodurch die ganze Landschaft verschönert wird. — Der Weg führt darauf durch den obgedachten Wald, durch welchen viele Gänge mit der größten Abwechselung gehauen sind. In einem Theile desselben liegt auf einem kurz geschornen Rasenplatze ein Haus, worinn man bey beißem Wetter speiset. Von hier führt der Weg zu dem Vogelhause, welches artig und im chinesischen Geschmacke angelegt ist. Man trifft viele Kanarienvögel und andere Arten von Vögeln darinn an, die auf die Art durch den

Winter

Winter gebracht werden, daß man die Hinterwände des Gebäudes heiß macht; die Vorderseite besteht aus geflochtenem Gitterwerke. An einem andern Orte des Waldes trifft man auf einem kleinen freyen Platze einen achteckigten Tempel an, und von hier führt der Weg auf eine steinerne Brücke, die über ein schmales mit dickem Buschwerke umgebenes Wasser geschlagen ist. — Kömmt man aus dem Gehölze, so stellen sich dem Auge auf einmal eine Menge neuer Prospekte dar. Die Bäume sind nach verschiedenen Gegenständen gepflanzt, behalten aber ihr edles Ansehen. Vor sich erblickt man über einen schönen Strich Waldes den ionischen Tempel, der hier von den Händen der Grazien an einen Platz gestellt zu seyn scheint, der nicht besser ausgewählt werden kann. — Der Weg führt abermals über den Hügel, und geht schief hinunter zu dem achteckigten Tempel. Dieß artige Gebäude liegt sehr reizend im

F 2   Thale,

Thale, und hat den Prospekt über das Wasser zwischen verschiedenen Hainen, und den Bäumen, womit die benachbarten Hügel besetzt sind. Nicht weit von demselben wird eine prächtige Brücke gebauet, um einen neuen Weg zu einem Walde der schönsten Eichen in ganz England zu leiten. Von hier wird man an einen Platz kommen, da sich die große Vorderseite des Hauses seitwärts zeigt, und der Weg wird nach solchem dergestalt schlangenweise fortführen, daß man nie einen zuvor gesehenen Ort antreffen wird. — Bey der untern Einfahrt von der Seite von Rotherham fällt der Park nicht weniger trefflich in die Augen. Rechter Hand zeigt sich die große Pyramide, gegen über ragt der bäurische Tempel oben über das Gebüsche auf eine sehr malerische Weise hervor. Linker Hand erstreckt sich der See mit solchen Buchten durch das Thal, als die Kunst nachmacht, um die schöne Natur zu schildern. Die Aussicht wird

hin

hin und wieder durch Klumpen von Bäumen unterbrochen, die bis ans Ufer vorgehen. Zweyhundert Ellen hinter dem Ufer fällt der achteckigte Tempel in die Augen. Auf der andern Seite übersieht man einen großen Theil des Parks, der theils mit einzelnen Bäumen, theils mit ganzen Klumpen besetzt ist. Auf allen Seiten zeigen sich in der Entfernung die schönsten Prospekte von angebaueten Hügeln. Dieser Weg führt zu einem kleinen Lusthause. Aus den Fenstern sieht man jenseits des Wassers steile Hügel vom Ufer an sich erheben, die oben mit einem Walde gekrönt sind. Darauf läuft der Weg um den Hügel, auf welchem der bäurische Tempel steht, und man befindet sich auf einmal bey dem Wohngebäude, welches einen artigen Kontrast mit den andern Zugängen, die das Haus alle vom weiten zeigen, verursacht. — Einen andern herrlichen Gesichtspunkt hat man gegen Süden von einem Hügel.

Hier zeigt sich in einem Thale Retherham mit der ganzen umliegenden Gegend, die mit Dörfern besäet ist, und zu beyden Seiten erheben sich die Hügel gegen die Wolken. Das Wohnhaus ragt zwischen neun bis zehn andern Hügeln und Wäldern hervor, welches ein majestätischer Anblick ist. Die Pyramide und die hin und wieder stehende Tempel geben der Scene eine Abwechselung, die bey dem großen Umfange nöthig war. Dieß ist vielleicht der schönste Prospekt in Yorkshire: denn das Gebäude formirt mit dem Parke und Wäldern eine in der Runde zusammenhängende Landschaft, die schön und groß ist, und die umliegende Gegend zeigt eine unabsehliche Weite angebaueter Ländereyen und arkadischer Scenen. — Wenn man sich von diesem Platze links wendet, so wechselt die Landschaft beständig ab, und gefällt jedesmal aufs neue. Man geht durch ein mit Wasser versehenes Thal nach der westlichen Ecke des

Parkes,

Parkes, von dem man abermals eine Aussicht hat, die den übrigen nichts nachgiebt. Man sieht über eine Anhöhe weg, und wird, das an verschiedenen Stellen durch die Bäume scheinende Wasser, und am Ufer desselben den achteckigten Tempel gewahr, welches mit den übrigen boch liegenden Gebäuden einen artigen Kontrast macht. Auf der linken Seite erhebt sich der Wald, und vereinigt sich mit dem bey dem Wohngebäude. Gegen über liegt der maurische Tempel, und hinter demselben ein düsterer Wald; noch höher in einem dünneren Walde steht die Pyramide, welches zusammen eine prächtige Wirkung thut. Rechter Hand erblickt man eine Menge angebaueter Hügel. — Die oft angeführte Pyramide verdient noch eine nähere Beschreibung. Sie besteht aus einem dreyeckigten Thurme, der ohngefähr zweyhundert Fuß hoch auf einem Hügel angelegt ist; man steigt vermittelst einer Wendeltreppe hinauf, und

F 4   hat

hat oben einen erstaunlichen Prospekt, der das Auge unvermuthet überrascht. Man übersieht das Haus, alle umliegende Hügel, Wälder, Wasser, Tempel u. s. w. mit einem Blicke, und in einer mehreren Entfernung einen unermeßlichen Strich, angebaueter und eingezäuneter Felder. — Bey der Pyramide liegt ein artiges Zimmer, von dem man einen reizenden Prospekt hat. Nicht weit von der Pyramide ist eine Arkade aufgeführt, welche dem ionischen Tempel zum Prospekte dient. — Man sieht von diesem zierlichen Gebäude eine reizende Landschaft; in dem tiefer liegenden Thale fällt das Wasser an manchen Stellen in die Augen; auf der einen Seite zeigen sich die verschiedene bisher beschriebene Lustwälder, bis an den großen Wald von hundert Ackern. In diesem soll ein großer Obelisk errichtet werden, der eine majestätische Wirkung in Ansehung aller umherliegenden Hügel thun wird. Bey gedachtem Tempel liegt

die

die Menagerie, dem Gewächshause gegen über; man trifft in derselben eine erstaunliche Menge goldfarbener Fasanen, Kakadus, und andre seltene Vögel an. Das Gewächshaus ist geräumig, und daran stößt ein Zimmer zum Theetrinken. Von hier geht man eine Terrasse hinab, und während der Zeit wird das Auge durch die Abwechselung von Hügeln, Thälern, schlängelndem Wasser, Wäldern und Tempeln ergötzt. Mit einem Worte, Wentworth ist in allen Betrachtungen einer der schönsten Plätze des Königreichs. Bey andern Landsitzen bewundert man bald das Haus mit seinen Merkwürdigkeiten, bald den Park, bey manchen rühmt man die zur Zierde in dem Parke aufgeführten Gebäude, oder auch die schönen Prospecte überhaupt. Hier ist alles vereinigt; das Gebäude ist eins der größten in England; der Park hat alle Schönheiten der Natur und Kunst, die man sich nur gedenken kann; die prächtigen Wälder übertreffen alle Beschreibung; die Tempel haben eine schöne Architectur, und eine so wohlgewählte Lage, daß sie den Reiz eines jeden Platzes außerordentlich erheben. Dazu kommt die Schönheit der umliegenden Landschaft, die aus angebaueten Hügeln, Dörfern und Städten besteht.

Hagley bey Stoutbridge in Worcestershire *) liegt mitten in einer fruchtbaren und angenehmen Gegend, zwischen den Gebürgen von Clent und Witchberry. Die letztern von diesen Bergen sind in drey schöne Anhöhen vertheilt. Die eine unter denselben ist mit Waldung bedeckt; die andre ist eine offene Schaftrift, mit einem Obelisken auf ihrer obersten Spitze; auf der dritten zeiget sich der bedeckte Gang vom Tempel des Theseus, der vollkommen nach dem Muster des athenienischen ist, und diesem auch an Größe
wenig

*) Betrachtungen über das heutige Gartenwesen ꝛc. S. 239.

wenig nachgiebt. Er steht kühn auf dem Gipfel des Berges, und hat mit dem dunklen Hintergrunde eines Tannenwaldes, und über den vorne und an den Seiten befindlichen Abhängen ein recht majestätisches Ansehen. Das Haus bekömmt von diesen Anhöhen ein sehr vortheilhaftes Ansehen; und man kann aus einem jeden Standorte derselben einige schöne Aussichten entdecken. — Von den Elenter Bergen sind die Aussichten noch größer. Sie erstrecken sich auf der einen Seite bis zu den schwarzen Gebürgen in Wallis, welche sich in einer langen Linie in einer Entfernung von sechzig Meilen durch die Oeffnung zwischen den rauhen und ungeheuern Malberngebürgen, und zwischen der einsamen Spitze vom Wrekinberge, welche beyde von hier dreyßig Meilen entfernt sind, und eben so weit von einander abstehen, zeigen. Das Land bestehet aus einer Mischung von Bergen und Thälern, und ist sehr geschlossen, ausge-

nommen

nommen in einer einzigen Gegend, wo eine Heide, die von Erhöhungen, Teichen und verschiedenen andern Gegenständen eine angenehme Abwechselung erhält, mit einem bearbeiteten Felde, welches von jener umgeben wird, einen vortrefflichen Kontrast macht. Von der andern Seite der Clenter Berge verbreitet sich der Prospect nicht so weit. Der Boden aber ist weit rauher und unebener. Dennoch ist er an vielen Orten mit großen und schönen Wäldern bedeckt, und die Aussicht erhält von den vielen Landsitzen des Adels und andrer Standespersonen einen ansehnlichen Vortheil. Weil überdieß die Berge selbst sehr irregulär sind, so unterbrechen oft große weit vorstehende Vorgebürge die Beschäfftigung der Augen, indem sie zugleich die Scene verändern. An andern Orten zeigen tiefe Thäler, die sich nach und nach in der Landgegend verlieren, die daselbst befindlichen Gegenstände in einem abwechselnden Lichte.

Lichte. In einer von diesen Tiefen ist ein artiges Bauerhaus unter einem hohen Abhange aufgebaut, welches überdieß auf den Seiten und im Rücken mit Waldung umringt ist, und die Vorstellung der Einsamkeit, mitten in einer so offenen und freyen Gegend, erregt. Von den darüber befindlichen Höhen fällt der ganze Auftritt in die Augen, welcher vorher von den Witchberry Bergen übersehen werden konnte, sich aber hier über dem Park zu Hagley zeiget, der einem vortrefflichen Vordergrund abgiebt, an sich selbst schön ist, und die Landschaft ausfüllet. — Obgleich das Wohnhaus im Park niedrig ist, so ist es doch über die umliegende Landgegend erhaben, welche man aus demselben bis zu einem ziemlich entfernten Horizont übersehen kann. Es wird von einer Wildbahn eingeschlossen, die aus einem artigen unebenen Boden besteht, und mit ansehnlichen Klümpen, kleinen Gruppen, und einzelnen

Bäumen

Bäumen wechselsweise besetzt ist. Von vorne hat es eine offene Aussicht, auf der einen Seite aber wird es von den Witchberry Bergen, und auf der andern, wie auch im Rücken, von den Anhöhen des Parks umringt, welche hoch, steil, und alle mit erhabenen abhängigen Wäldern bedeckt sind. Die Wildbahn, welche bald an dem Fuße dieser Berge hinläuft, bald die Anhöhen hinaufsteigt, oder sich auch bisweilen längst den Blößen in die Tiefe des Waldes hinein, windet, beschreibet einen schönen Umzug von einer waldigten Scene, welche ohnedieß in Ansehung des dichten Laubwerks und des prächtigen Wuchses schon reich genug ist. — Allein obgleich der Wald zusammenhängend zu seyn scheinet, so öffnet er sich doch würklich oft in Wildbahnen, die einen großen Theil seines innern Raums einnehmen. In der Menge, in der Abwechselung und Schönheit dieser Wildbahnen, in den Schatten der Gebüsche, wodurch jene

sene von einander abgesondert werden, wie nicht weniger in ihren eigenen Schönheiten und Abwechselungen, bestehet der Ruhm von Hagley. Nicht zwo Oeffnungen sind in ihrem Maaße, in ihrer Figur, oder in ihrem Charakter einander gleich. Einige strecken sich in sehr lange Wege aus, andere erweitern sich nach allen Seiten. Auch unterscheiden sie sich durch Gebäude, durch Aussichten, und oft bloß durch den Charakter der Gehölze, von denen sie eingefaßt sind. Bey der einen machen etliche nachläßige Linien von Bäumen, und bey einer andern viele, sehr verschiedene und gänzlich irreguläre Theile die Gränze aus. Der Boden ist nirgends eben; sondern bald stürzet er von steilen Abhängen herab, bald macht er nur allmählige Erhöhungen, bald schlängelt er sich um mittelmäßige Anhöhen herum, bald bekömmt er mit einer unendlichen Abwechselung eine unterbrochene und wellenförmige Gestalt. —

Ein

Ein achteckigtes Sommerhaus, welches dem Andenken des berühmten Thomsons gewidmet, und in der Gegend, die er am liebsten besuchte, aufgebauet ist, stehet auf dem Gipfel einer steilen Höhe. Eine Wiese windet sich durch das unten befindliche Thal, bis sie sich auf beyden Seiten hinter einigen Bäumen verliert. Diesem Hause gegen über krönet ein ansehnlicher Wald den Gipfel eines großen, länglichtrunden und erhabenen Berges, und senket sich an den Seiten bis an den Fuß desselben herab. So wie er an der einen Seite herabsteigt, so zeiget sich die entfernte Landgegend mehr oder weniger; und hinter dem Abhange an der andern Seite erscheinen die Clenter Berge. — Die nächstfolgende Oeffnung ist klein und umzirkelt eine auf einem Hügel aufgerichtete Rotunda, an dessen Fuße der Boden überall erhaben ist. Die Bäume, von denen sie eingeschlossen ist, sind groß, aber ihr Bauwerk ist nicht sonderlich sich dichte, und weil ihre Stämme unter den Aesten, ihre Zweige aber durch dieselben erscheinen, so machen sie in einem so kleinen Platze sehr wichtige und angenehme Umstände aus. Sie hat eine ganz einsame Lage, keinen Prospect, und nur einen einzigen sichtbaren Ausgang; und dieser ist kurz und enge, bis zu einer mit einem bedeckten Gange gezierten Brücke, die über das Ende eines Stückes von einem Flusse angelegt ist. — Der Hain hinter der Rotunda sondert diese von einer großen, freyen und waldigten Oeffnung ab, welche überdieß von einem dünnen Gehölze eingefaßt, nachläßig gezieret, und mit vielem Farnkraut überwachsen ist. Diese Wildniß ist mitten in so vieler Schönheit und Zierde, welche in den benachbarten Wildbahnen hervorleuchtet, eine wohl angebrachte Schattierung. Uebrigens ist der Ort an sich selbst angenehm und nirgends eingeschränkt; man hat aus einem gothischen Gebäude am

Ende desselben eine perspectivische Aussicht auf den Wald und Thurm, die sich röthlich beyde, zugleich mit den Witchberth Bergen, und mit einem großen Striche der Landgegend, von vorne zeigten. — Ein antiker Thurm, welcher im Prospecte allezeit mit Waldung verbunden ist, stehet gleichwohl nur auf einem Stücke von einer Ebene, die längst auf der breiten Höhe eines Berges hinläufft, und sich auf beyden Seiten in einer kleinen Strecke herablenket. Dichte Haine verstecken die Abhänge. Zur rechten verliert sich die herabneigende Wildbahn gar bald unter den Bäumen; der Absturz zur linken aber ist steiler und kürzer, so daß ihn das Auge bis in die Tiefe verfolgen kann. Der Thurm hat eine Aussicht über das Ganze. Er selbst scheint das Ueberbleibsel eines theils ganzen, theils eingefallenen und theils mit Gebüschen überwachsenen Schlosses zu seyn. Man kann sich keine schönere Lage für dasselbe vorstellen.

stellen. Es stehet an einem freyen aber einsamen Orte, es hat einen sehr weit ausgedehnten Prospect; und ist überall ein wichtiger Gegenstand. — Am Ende des unter demselben befindlichen Thals ist in einem finstern und aller Aussicht beraubten Winkel eine aus Wurzeln und Moos zusammengesetzte Einsiedlerwohnung. Hohe Seiten und ein dichtes von Roßkastanien verdunkeltes Gebüsche schließen diesen abgesonderten Ort ein. Ein schmaler Bach rieselt durch denselben hindurch, und zwey kleine Gewässer sammlen sich in der Tiefe. Auf der einen Seite erscheinen sie durch die Gruppen der Bäume; die andere Seite aber ist offen, jedoch mit Farnkraut überwachsen. Dieses Thal macht das Ende des Parks aus; und unmittelbar über demselben erheben sich die Clenter Berge, in aller ihrer Unregelmäßigkeit. — Auf der andern Seite von dem Schlosse ist ein langer Abhang, der wie das

G 2 übrige

übrige mit vortrefflichen Waldungen bedeckt ist; welche gleichfalls schöne, dennoch aber sowohl von der vorigen als von allen übrigen unterschiedene, Wildbahnen umschließen. Eine davon nimmt sich vorzüglich aus. Sie ist mit den prächtigsten Bäumen eingefaßt, welche alle frisch, lebhaft und so voll Blätter sind, daß kein Stamm, kein Ast erscheinet, sondern große Flächen von Laubwerk einen wellenförmigen Umzug bezeichnen. Der grüne Rasen ist hier so anmuthig, als in der offenen Gegend. Keine erstaunenswürdige Gegenstände finden hier statt; sondern alles ist in einer mittlern Beschaffenheit; alles ist sanft, ruhig und heiter; in der angenehmsten Zeit des Tages blos munter und unterhaltend, und in den stillesten Stunden der Nacht nicht traurig. Indessen aber ist der Auftritt würklich ganz besonders der Ruhe der leztern angemessen, wenn das Licht des Mondes auf dem dichten Laub-

werke

werke des Hains zu ruhen scheint, und zugleich den Schatten eines jeden Zweiges deutlich bezeichnet. Alsdann ist es ein reizender Zeitvertreib, hier herum zu spazieren; das Gras und das in jenes geflochtene Gewebe der Feldspinnen vom Thau glänzen zu sehen; zu horchen, und doch nichts zu hören, das sich rührte, es müßte denn ein verwelktes Blatt seyn, welches ganz langsam durch die Aeste eines Baums herabfällt; und die frische Abendluft zu schöpfen, ohne die Beschwerlichkeit der Kälte zu empfinden. Eine einsame, ehemals von Pope für diesen Ort bestimmte, und nunmehr seinem Andenken in einer Innschrift gewidmete, Urne unterhält, wenn sie sich vermittelst der Strahlen des Mondes durch die Bäume zeigt, das Nachdenken und die Verfassung, in welche die Seele ganz unmerklich durch die übrigen Umstände dieser reizenden Scene versetzt wird. — Ueber die Tiefen, durch die Wälder, Haine und dichtere Gebüsche, wie auch längst an den Seiten der Wildbahnen sind riesichte Gänge, und zwar so angelegt, daß sie die Gemeinschaft allezeit unterhalten und zu den Hauptscenen führen, ob sie gleich insgemein vor den Augen versteckt sind. Die Schönheit so vieler Spazierwege, die Vielheit und der Charakter der Gebäude, und die vortreffliche Verfassung, in welcher der ganze Ort erhalten wird, dieses alles giebt dem ganzen Park ein vortreffliches Ansehen.

VI. Ohne

VI.

Ohne Zweifel waren lange schon Gärten, ehe noch an eine Gartenkunst gedacht ward, und diese hatte schon mannigfaltige Verbesserungen erhalten, ehe sie ein Recht auf eine Stelle neben den übrigen schönen Künsten verlangen durfte; so wie man einige Jahrhunderte hindurch Gebäude hatte, ohne noch mit der schönen Baukunst bekannt zu seyn. Auch läßt es sich nicht wohl anders denken, als daß die Gärten anfänglich blos dem Nützlichen gewidmet gewesen; und diese ihre erste Bestimmung dauert noch in den Küchengärten und Fruchtgärten fort. Diese schon an sich wahrscheinliche Meynung wird noch durch eine Nachricht des Plinius bestätigt, nach welcher die ältesten Villen allein Horti genannt wurden. *) Aber da durch allmählige Ausschmückungen und Verfeinerungen des

*) Plinii Nat. Hist. lib. 19. c. 4.

Nützlichen die Gartenkunst in das Gebiet des Schönen übergegangen, und dadurch zwischen einem gemeinen Garten und zwischen einem Lustgarten ein wesentlicher Unterschied entstanden ist; so ist nunmehr diese Kunst theils den allgemeinen Regeln des guten Geschmacks, und theils einigen besondern unterworfen, die aus ihrer Bestimmung hergeleitet werden müssen.

Zuförderst muß diese Kunst den Grundsätzen des Natürlichen, des Schicklichen, des Mannigfaltigen und des Lieblichen folgen, und alles das aus ihren Werken entfernen, was ihnen zuwider ist; aus diesen entwirft sie sich eine Menge von Regeln, an welche sie sich, wie ihre übrigen Geschwister, hält. Der Gartenkünstler muß diese Grundsätze sorgfältig studiert, und sich dadurch ein gesundes Urtheil und einen sichern Geschmack erworben haben; überdieß aber auch ein Mann von einem nicht geringen Genie seyn.

Da

Da die Gartenkunst eine Nachahmerinn der Natur ist, und diese in einer abgesonderten Gegend im Kleinen verschönert nachbilden soll; so erfordert sie Aufmerksamkeit und fleißige Beobachtung dessen, wodurch die Natur gefällt, einnimmt und bezaubert. Der Gartenkünstler muß also die mannigfaltigen Gegenstände, Bildungen und Farben der Natur bemerken; oft die schönsten Landschaften besuchen, da nach dem Beyspiel der Landschaftmaler lange und bedächtig verweilen, wo sich die Natur in ihrer feyerlichsten und lieblichsten Gestalt zeigt, und den Gründen ihrer mächtigen Einwürkungen, die sie auf die menschliche Seele beweiset, nachspüren; auf ihre unendliche, aber allezeit simple Kunst in der Wahl der Theile, in ihrer Anordnung, in der Vertheilung des Lichts und des Schattens, in der Mischung und Brechung der Farben lauschen; aber auch dazu ein für das Schöne nicht ganz ungeübtes

G 5 Auge

Auge und besonders eine lebhafte Empfindlichkeit mitbringen.

Es kömmt sehr viel darauf an, daß der Gartenkünstler sich einen guten Vorrath von beobachteten Schönheiten der Natur gesammlet, und seine Phantasie mit mannigfaltigen Bildern bereichert hat. Ohne diesen Vortheil wird er oft verlegen oder doch dürftig seyn; er wird unglückliche Copien von einer Nachahmung machen, wo er eine schöne Nachahmung selbst machen könnte; und bey einer jeden neuen Arbeit wird sein immer mehr entartetes Werk seinen erschöpften Geist ankündigen. Er bereichere sich daher mit sehr vielen und mannigfaltigen Bildern von den Scenen anmuthiger Landschaften; er suche sie selbst außer seinem Vaterlande, wenn dieses ihm zu dürftig daran scheint; und wenn auch die Landschaftgemälde großer Meister hier nützlich seyn können, so wird doch eine natürliche Gegend weit leichter und lebhafter

unter-

unterrichten. Ueberhaupt erwäge der Gartenkünstler, daß ihn nichts mehr von seinem wahren Beruf abführt, als Armuth an ländlichen Bildern, und daß ein selbst mühsam gesammleter Ueberfluß ihm bey der Anwendung nicht beschwerlich ist, vielmehr zur Verschönerung seiner Wahl dienen kann.

Nach diesem muß der Gartenkünstler, wenn er zur Nachbildung schreitet, unverrückt auf die Bestimmung des Werks schauen, das er liefern will. Der Garten soll nicht nur eben den starken und dauerhaften Eindruck angenehmer Empfindungen nach ihren mannigfaltigen Modificationen auf das Gemüth machen, welchen die Natur durch den Anblick einer reizenden Landschaft macht; er soll auch, so viel es geschehen kann, diese Empfindungen noch höher treiben. Dieß ist ohne Zweifel der Beruf des Gartenkünstlers, da er ein Nachahmer der Natur seyn soll, und da ein solches Werk der Kunst vernünf-

tiger

tigen Weise nicht bestimmt seyn kann, wie drige Bewegungen zu erwecken, und in diesem Fall schon das gemeine Gefühl wider sich aufbringt. Eine reife Beurtheilung wird ihn lehren, sowohl bey der Anlage als auch bey der Verzierung zu prüfen, ob jeder Theil für sich und in seiner Verbindung diese angenehme Empfindung würken könne, wodurch dieser Zweck leichter und natürlicher, wodurch er weniger glücklich erreicht, und wodurch er ganz verfehlt werde. Eine solche fortdauernde Ueberlegung, verbunden mit Aufmerksamkeit auf die natürliche Lage und Beschaffenheit der Gegend, worinn er arbeitet, muß ihn bey jedem Schritte leiten, und ihn unterrichten, wo er hinzusetzen, wo er wegnehmen, und wie er alle einzelne Theile zu einem Ganzen anordnen soll, das die gehoffte Würkung bis zu dem Grad hervorbringt, der nur erreichbar ist. Allein nie muß das Eigenthümliche des Orts seinem Auge entgehen;

die

die Beurtheilung des Charakters desselben kann ihm manche nützliche Anleitung zur Verschönerung geben, aber muß ihn nie zu verwegenen Versuchen verführen, die Natur ganz umzukehren. Der Zwang verdränget oft die eignen Vorzüge eines Orts; er arbeitet wider den Charakter der Gegend Schönheiten hinein, die es hier nicht mehr sind, und zerstört das Original durch die Bemühung, eine Nachahmung daraus zu machen.

Wenn der Eindruck des Angenehmen als die Hauptempfindung, für welche die Gartenkunst beschäfftigt ist, hier angenommen wird, so ist damit nicht gesagt, daß sich ihr nicht zuweilen andere Gattungen von Empfindungen sollten zugesellen, und eine gewisse Mischung, Milderung, oder merkliche Abänderung veranlassen können. So wie überhaupt einerley Art der Empfindung, wenn sie sich immer gleich fortdauert, ermüdet, so entschlummern wir selbst in dem Genuß

der

der süßesten Wolluft, die uns zu lange bezaubert. Die Abwechselung oder der allmählige Zufluß anderer Eindrücke von einer ähnlichen oder verwandten Art erhalten die Empfindung in ihrem wahren Leben und in ihrer Schwachhaftigkeit. Die Modificationen einer Empfindung von der angenehmen Art, die von den Einwürkungen der äußerlichen Dinge herrühren, scheinen selbst der Seele so unentbehrlich, daß ihre Abwesenheit eine beklagenswerthe Einschränkung unsrer Natur seyn würde. Es wird also die Erregung angenehmer Empfindungen die eigentliche Bestimmung der Gartenkunst seyn; aber sie kann die Empfindungen hinzufügen, welche einsiedlerische, melancholische, finstre Gegenden erwecken; Nur muß alles, was Furcht, Schrecken oder Grausen, als heftige unangenehme Empfindungen, würket, aus den Gärten verbannt seyn, so viel auch einige dafür bey dem Lobe der chinesischen Gärten geredet haben. Was

Bewun-

Bewunderung und selbst Erstaunen erweckt, kann in großen Gärten einen Platz einnehmen; doch müssen Gegenstände von dieser Kraft mit kluger Wahl nur sparsam, und des Kontrastes, und der Verstärkung der Hauptempfindung wegen, angebracht werden. Alle Scenen verlangen übrigens eine solche Anordnung, daß sie die Bewegungen, die sich der Hauptempfindung zugesellen, allmählig und im Fortgange, nicht aber plötzlich und auf einmal erregen; das Gegentheil würde eine sehr widrige Würkung seyn. Diese Kunst erfordert nicht wenig Beobachtung und Genie. Die Natur stellt das Große, Melancholische, Sanfte, Einsame, Lachende in tausend Auftritten vor. Jede Art der Gegenstände macht nach ihrer Lage, Größe, Gestalt und Farbe einen unendlich sich abändernden Eindruck. Alles davon aber so zu ordnen, und zu heben, daß die Bewegungen, die daher entspringen, nicht sich widersprechen,

nicht

nicht sich selbst zerstören, vielmehr unter einander harmonisch vereinigt, sich verstärken, und immer anziehend und unterhaltend bleiben — Dieß scheint für den Gartenkünstler die höchste Anstrengung seines Genies zu seyn, und der glückliche Erfolg davon, der mehr von einer fruchtbaren Erfindungskraft, als von der Erlernung einiger Regeln, zu erwarten ist, verdient eine laute Bewunderung.

Um die Empfindung des Angenehmen zu erhalten, muß der Künstler für Freyheit, Mannigfaltigkeit und Lieblichkeit sorgen. Die Einbildungskraft läuft über jeden engen Bezirk, er sey so zierlich, als er wolle, unbeschäfftigt hinweg; sie verachtet die niedlichen Verzierungen und ängstlichen Bestrebungen der Kunst, und geizt nach den höhern und freyern Scenen der Natur. Es ist demnach bey der Anlage zuerst darauf zu achten, daß der Gartenplatz nicht versperrt werde, sondern offne erfreuende Aussichten in die Landschaft

schaft umher gewinne. Daher keine Seite zu
bebauen oder zu besetzen, wo ein schöner
Prospekt ist, vielweniger da, wo das entzückende Schauspiel des Aufgangs und des Un-
tergangs der Sonne bequem betrachtet werden kann; daher noch viel weniger eine gänz-
liche Umzingelung des Gartens mit einer hohen Mauer, ein barbarischer Geschmack! Ein
von allen Seiten eingeschränkter Platz ist wider die ersten Grundsätze der Gartenkunst,
und eine widrige Bewegung bemächtigt sich
unser, wenn wir aus einer freyen Gegend in
einen solchen Kerker treten. So wenig überhaupt Versperrungen zu dulden sind, so wenig
darf, besonders in größern Gärten, die Ab-
zeichnung ihrer Gränze gar zu merklich in die
Augen fallen. Die Kunst weiche allmählig
zurück, und der Garten verwildere ins freye
Feld, in Wiesen, in ein Gehölz. Dadurch
bekömmt er nicht nur ein mehr natürliches,
sondern auch ein großes Ansehen. Der An-

H blick

blick des Endes eines uns angenehmen Orts ist verdrießlich, so wie die Vorstellung, daß man da wieder umkehren muß. Aber die Ausdehnung der Aussicht und die Entdeckung neuer Gegenstände in der Ferne befriedigt auf eine fühlbare Art ein Bedürfniß unsrer Vorstellungskunst. Gehölze, die sich mit einer zu dreisten Versperrung vorlagern, und besonders durch ihre Finsterniß ein unveränderliches Gefühl des Traurigen und Melancholischen erwecken, müssen nach verschiedenen Gegenden hin durchgehauen werden; die Oeffnungen, die Zwischenräume, die gesunder durchstreichende Luft, das Hervorschimmern des Himmels oder eines andern Gegenstandes, alles dieses sind Vortheile, die man sich dadurch verschaffen kann. Je mehr überhaupt durch Verhauungen, durch Erhöhungen oder Vertiefungen, die Gegenstände in der Aussicht vervielfältigt und abgeändert erscheinen, je mehr dadurch der schon an sich erfrischende

und

und die Seele gleichsam ausdehnende Blick in eine weite Ferne unterhalten wird, desto mehr schätzen wir den Gartenkünstler, der uns dieß Vergnügen zu schenken weiß, das wir von der Freygebigkeit der Natur zu erhalten verwöhnt sind.

Dieser Freyheit, die in den Gärten herrschen soll, ist die Genauigkeit und Regelmäßigkeit zuwider, die, so gewöhnlich sie auch ist, doch von der Gartenkunst vermieden werden muß. Nicht einmal ist sie in kleinern Gärten erträglich, wenn gleich Home *) sie da als eine Ausnahme zulassen will. Ein Garten muß doch wohl seinen eigenen Grundsätzen folgen, und kann nicht den Regeln eines andern Kunstwerks, womit er in eine zufällige Verbindung gesetzt wird, unterworfen werden. Man würde sonst mit eben so vielem Rechte fordern können, daß das Gebäude eine unregelmäßige Figur annehmen müsse, um

*) Gründsätze der Kritik. 3ter Th. S. 363.

Uebereinstimmung mit der Scene zu haben, die ihm nahe liegt. Wenn die Baukunst Symmetrie verlangt, so verlangt dagegen die Gartenkunst Freyheit, als etwas, das ihr, als einer Nachahmerinn der Natur, zukommt; das Eigenthum der einen Kunst kann nicht der andern zugetheilt werden. Alle genaue Abmessungen des Platzes und der Scenen auf demselben, alle symmetrische Abzirkelungen und Stellungen der Blumenbeete, der Hecken, der Verzierungen sind wider die Natur, und nur ein falscher Geschmack hat sie in den Gärten eingeführt. Je mehr die Gartenkunst den Plan und die Anordnung zu verbergen weiß, je regelloser und nachläßiger sie ein schönes gefälliges Werk entworfen zu haben scheint, desto mehr zeigt sie sich in ihrer Vollkommenheit; und hierinn weicht sie von der Baukunst ab, die alles genau nach Maaßstab und Zirkel bearbeitet.

Mannig=

Mannigfaltigkeit ist vielleicht in keinem Werke der Kunst so unentbehrlich, als in einem Garten, wovon uns schon das bloße Gefühl überzeugen kann. Wie bald ist unser Geist in einem leeren und magern Garten gesättigt, und was für ein verdrüßliches Gewühl von unangenehmen Bewegungen dringt sich uns auf! Wie verschieden sind hingegen nicht die Eindrücke und Empfindungen, wo Ausdehnung und Vielheit wahrgenommen wird! Nach diesen Beobachtungen darf ein Garten nicht in einer weiten Ebene angelegt werden; es sey denn, daß man, außer der nöthigen Herbeyschaffung des Wassers, darinn starke Abwechselungen und Verzierungen anzubringen wisse, und die Natur den sichtbaren Horizont wenigstens auf einer Seite mit Waldungen und Gebürgen bekränzt habe. Der Gartenplatz muß also Anhöhen, Absätze, Vertiefungen haben, welche die Gegenstände in verschiedenen Gesichtspunkten zeigen, und

eine

eine Abwechselung der Prospekte geben. Die Erhöhungen sind nicht leer zu lassen, weil sie sonst ein kahles Ansehen haben würden; sondern mit Bäumen, Buschwerk, Wasserfällen und Gebäuden zu beleben. Das Offene muß mit dem Verschlossenen, das Große mit dem Kleinen abwechseln; der wesentlichen Schönheiten müssen viel, der künstlichen Verzierungen wenig seyn. Und selbst mehrere Gegenstände von einer Art müssen durch ihren Umfang oder durch den Ort von einander unterschieden erscheinen. Die angenehmste Mannigfaltigkeit und Erfrischung für die Phantasie geben die beweglichen Aussichten, wo die Gegenstände nicht in einer einförmigen Lage, nicht in einer ewigen Stille bleiben, sondern wo der Schauplatz durch beständige Abänderungen lebendig ist, z. B. Aerndtefelder, Viehweiden, schiffbare Flüsse, Brücken, Landstraßen, aber diese nicht zu nahe, in der Gegend des Gartens umher. Es kommt

kommt nicht blos darauf an, daß der Garten in seinem Bezirke viele und abwechselnde Gegenstände von verschiedenen Kräften habe, sondern daß sie auch in einer solchen Verbindung erscheinen, wodurch ihre Einwürkung eine harmonische Folge von angenehmen Begriffen und Empfindungen wird, die sich lange erhält, und sich gerne erneuert.

Aus der Mannigfaltigkeit entspringt schon zum Theil Lieblichkeit; aber für diese eröffnen sich noch andere Quellen. Es giebt mancherley Gegenstände in der Natur, die durch die ihnen eigene Gestalten, Farben und Bewegungen, angenehme Empfindungen von der sanften Art erregen, die zwar nicht plötzlich und stark begeistern, aber eine länger fortdauernde Unterhaltung gewähren, und bey dem wiederhohlten Genuß noch immer etwas gefälliges und einnehmendes behalten. Aus der Natur dieser Gegenstände und aus ihrer besondern Einwürkungskraft entspringt für

H 4 den

den Gartenkünstler die Pflicht, sie fleißig aufzusuchen, und, um ihre Würkungen zu verstärken, sie mit gesundem Urtheil und Geschmack zu einem neuen Ganzen zu verbinden. Welche Anmuthigkeit hat nicht ein sanfterhobener Hügel, bekränzt mit Gebüsch; oder einigen wohlgewachsenen Bäumen, hinter welchen ein höherer Wald sein neues Laub mit verschiedenen mildern Schattierungen in die bläulichte Luft erhebt, tiefer am Abhange herab ein kleines rieselndes Gewässer; das, bald sichtbar, bald vom Gesträuch versteckt, bald weniger, bald mehr geschwätzig, herunterhüpft, dann zwischen Kieselsteinen ruhiger, dann nach nahen Feldblümchen, die im Stral der Abendsonne verschönert schimmern, schneller fortzueilen scheint! Aehnliche Scenen des Lieblichen sind in der Natur häufig, unter den Dichtern von einem Theokrit, Gesner und Kleist, unter den Landschaftern von einem Both, Elzheimer, Poelemburg, Bril

Bril und Albani auf seinen Landhäusern nachgebildet worden; und der Gartenkünstler hat den Beruf, diesen Vorgängern auf ihrer Bahn nachzueilen. Er soll ein Nebenbuhler des Landschaftmalers seyn, und er kann, wenn gleich die Natur ihm fast mehr, als diesem, vorgearbeitet hat, auf eine Stelle neben ihm sich ein Recht erwerben. Nicht weniger als der Landschaftmaler muß er die Geschicklichkeit der Farbenmischung und der Schattierung bey der Auswahl und Stellung der Bäume, Gesträuche und Blumen besitzen; und allerdings wäre es zu wünschen, daß jeder Gartenkünstler, wo nicht eben ein vollkommener Maler, doch wenigstens mit dem Theil der Malerey bekannt wäre, der in der Kenntniß der Sympathie der verschiedenen Farben und der verschiedenen Höhen und Tiefen in einer jeden Art derselben besteht. Alsdann würde er, anstatt der gewöhnlichen traurigen Einfärbigkeit, hoffen können, durch die Malerey im Garten uns so sehr, als die Natur, zu bezaubern. — Außer der geschickten Vermischung der Farben wird das Liebliche noch selbst durch die Schatten erreicht, die dem Garten so eigenthümlich zugehören, daß ihre Abwesenheit mit Verdruß empfunden wird. Es ist bey dieser Bemerkung leicht zu begreifen, daß der Garten Buschwerk, Bäume, natürliche Lauben haben müsse; aber die glückliche Anordnung aller schattenreichen Gegenstände ist ein Werk der gesunden Beurtheilung und des feinern Geschmacks. Nicht unbedächtig an unschicklichen Orten, wie z. B. an dem Eingang oder über ein Blumenbeet, hingeworfen, sondern an Plätzen in einiger Entfernung, wohin ein Spazirgang und die Hoffnung der Kühlung führt, bald stärker, bald schwächer, wie es die Anlage des Ganzen und die von demselben erwartete Würkung erfordern, z. B. an Grotten und kunstlosen Wasserfällen, müssen Schattenwerke angebracht

gebracht werden. Das Uebermaaß des Schattens aber muß im Ganzen verhütet werden, weil es ein gar zu einförmiges und trauriges Ansehen giebt; so wie alle die Arten von Bäumen, die eine sehr dunkle Farbe haben, zumal wenn sie gar zu häufig neben einander stehen. Mäßige Schatten hingegen befördern das Liebliche nicht blos für das Auge, sondern auch für das Ohr, indem sie einen geliebten Aufenthalt den Vögeln anbieten, deren Gesellschaft und Lieder so viel Aufheiterndes haben, daß es nicht zu begreifen ist, wie so manche Eigenthümer der Gärten sich dieses Vortheils durch die Entfernung alles Schattigten berauben können. — Fließendes Wasser giebt überhaupt einen erfrischenden Anblick, und ein Garten kann von einem kleinen vorübereilenden Fluß oder einem nahen Wasserfall viele Annehmlichkeiten gewinnen. Schon in der Ferne gefällt ein Gewässer; es belebt eine ganze Landschaft, erheitert den

Schatten,

Schatten, und nimmt nach seiner Lage, Ausdehnung und Gestalt mancherley vortheilhafte Verbindungen mit andern Gegenständen an. Seine Größe, die verschiedenen Arten seiner Bewegung, und die besondern Eigenschaften, die es von dem Charakter der Gegend und der Lage annimmt, haben zusammen eine Kraft, mannigfaltige angenehme Eindrücke auf die Seele zu machen.*) Weit mehr Anmuthiges hat der geschlängelte oder gekrümmte Lauf eines fließenden Wassers, als ein in gerader Linie gezogener Graben, worinn es verschlossen seinen einförmigen Weg zu nehmen gezwungen ist. Ein Bach hin und her an schickliche Stellen hingeleitet, bald stärker fließend, bald sanft dahinschleichend, hier offen und hervorschimmernd, dort verlohren,

hier

―――――――――――

*) Einzelne vortreffliche Bemerkungen über diesen Punkt, die ich hier nicht wiederholen will, findet man in den Betrachtungen über das heutige Gartenwesen ꝛc. S. 74. 75. 109=112.

hier flach, dort mit höhern Ufern von grünem Rasen, oder mit überwölbendem Buschwerk bekleidet, bildet eine der angenehmsten Scenen, die wider Vermuthen nur selten in den Gärten gefunden wird. Sie läßt zugleich eine der schönsten Verzierungen, nämlich kleine Brücken, zu, die einen solchen Platz dem Mannigfaltigen und dem Freyen der Natur näher bringen; und das eine holde Melancholie einflößende Gemurmel der Wasserfälle, die man von den Bächen mit leichter Mühe anlegen kann, ist doch wohl auch etwas werth. Die Gärten der Schweiz haben von dieser Seite viele Vorzüge, da die in diesem Lande so freygebige Natur ihnen von den Bergen fast überall den nöthigen Vorrath von Wasser zurinnen läßt.

Ueberhaupt muß der Gartenkünstler die Natur sorgfältig zu Rathe ziehen, nichts unternehmen, wozu sie ihm nicht in ihren vortrefflichen Vorbildungen ein Geheis oder

Doch

doch eine Art von Erlaubniß gegeben hat, und, bey der Absicht zu verschönern, sich hüten, daß er nicht auf künstliche Verunstaltungen falle. Er lerne dabey beurtheilen, was sich jedesmal für den Platz, den er bearbeitet, am besten schickt, und was sich mit aller Mühe nicht aus ihm machen läßt. Er bedenke, daß kleine Nachläßigkeiten, die stehen bleiben, weit mehr werth sind, als eine mühsame auf jedes Pünktchen ausgebreitete Genauigkeit, und daß es mehr sein Beruf ist, das vorhandene Schöne zu erhöhen, als etwas neues durch kostbare Anstalten hervorzuschaffen. Er unterscheide endlich, was sich in größern und was sich in kleinern Gärten schickt, da durch die gemeine Sorglosigkeit in Ansehung dieses Unterschiedes vielfältige Dinge, die sich in einem weiten Raum ausnehmen, auf einem eingeschränkten Platz angebracht, nichts anders als kindische Spielwerke werden. Kleinen tändelnden Geistern

ist

ist es erlaubt, die äußern Wände ihrer Häuser bunt zu befärben, und auf einen Platz von hundert Schuhen Lauben, und Hecken, und Blumenbeete, und Springwasser, und Statuen, wie in einem niedlichen Puppenschrank, neben einander zu stellen. Aber dem Gartenkünstler, dem Sohn der Natur, kommt es zu, sich nicht einen Schritt von seiner Würde zu entfernen:

———

VII. Die

VII.

Die Anordnung der einzelnen Theile, die in einem Garten ein natürliches Ganze ausmachen sollen, und wodurch er vornehmlich ein Werk der Kunst von einem bestimmten Eindruck wird, erfordert nicht wenig Genie, allgemeine Wissenschaft des Schicklichen, bedächtige Ueberlegung, und ein feines Gefühl, die den Gartenkünstler immer dahin begleiten, wo er wählen, und wo er verbinden soll. Die Würkung davon ist, daß jeder Theil den Ort, die Stellung, die Gestalt, die Ausbildung, die Verbindung mit allen angränzenden Gegenständen erhält, die ihm nach seiner Natur und nach seiner besondern Bestimmung zukommen, und daß eben dadurch der Garten Harmonie und vollständige Kraft gewinnt, einen unfehlbar angenehmen Eindruck zu machen, und keine Bewegung entsteht, die nicht von gleicher Art ist.

Diese

Diese Anordnung ist eine der wichtigsten Beschäfftigungen für den Gartenkünstler, und nicht ohne Schwierigkeit. Die Natur, seine Lehrerinn, arbeitet im Großen, er im Kleinen; sie kann ihren Plan leichter verbergen, er hingegen braucht dazu Mühe, ihm das Ansehen der Kunst zu benehmen, das, wenn sein Werk nicht mißfallen soll, versteckt seyn muß. Der fast allgemeine schlechte Geschmack in Gärten, der wie jede andre Mode tyrannisch ist, thürmet vor seinen Entwürfen neue Hindernisse auf. Indessen können ihm vielleicht einige Regeln auf die Bahn, die er zu nehmen hat, hinwinken; sie breiten sich zuförderst über einige nothwendige Theile aus, da den Verzierungen noch ein besonderer Platz vorbehalten ist. Die geschickte Anwendung dieser Anmerkungen ist allein die Sache des Gartenkünstlers.

Der Eingang des Gartens soll nicht rauh, nicht verwachsen, sondern frey und anmuthig

J seyn,

seyn, und einen gewissen Vorgenuß von dem verschönerten Schauplatz der Natur geben, zu welchem er führt. Er soll, ohne Pomp und ohne Ueppigkeit, die Erwartung des Angenehmen erregen.

In dem Garten selbst müssen die Partien, die am meisten den Würkungen des Ganzen ein bestimmte Richtung geben, oder einen schnellen bezaubernden Eindruck machen können, nicht versteckt werden, sondern frey ins Auge fallen; daher keine Verbergung einer reichen Blumenflur hinter Hecken oder Gesträuchen. Hingegen ist die Gartenkunst berechtigt, alle Fehler eines Platzes und solche Vorwürfe, die einen mißfälligen Eindruck machen, zu verstecken, und dazu können so Hecken und Buschwerk dienen. Doch muß dadurch nicht immer, wie sich manche einzubilden scheinen, ein anliegender Küchengarten verzäunt werden; er darf sich frey zeigen, wenn er sonst nur Reinlichkeit und Ordnung hat.

hat. Außer den Scenen der Geschäfftigkeit ergötzt er durch den Anblick der gegenwärtigen und durch die Erwartung der künftigen Früchte.

Die ganze Anordnung muß so eingerichtet seyn, daß man auf einmal vieles, aber nicht alles übersehe, und daß der reiche Genuß des Nähern von der Erwartung des Entferntern begleitet werde. Der Gedanke, daß man sich mit der augenblicklichen Vorstellung begnügen soll, und nichts mehr zum frohen Anblick übrig ist, überliefert die Seele einer verdrüßlichen Bewegung. Leicht ist es daher zu begreifen, daß ein Garten, um unterhaltend zu werden, entweder geräumig und ausgedehnt seyn, oder diesen Mangel durch mancherley Erhöhungen oder Vertiefungen ersetzen muß.

Freye begraste Plätze und Blumenbeete dürfen weder in Quadrate noch in andre Figuren mit einer gar zu künstlichen Genauigkeit abgezirkelt werden, wie schon bemerkt worden.

worden. Die gewöhnliche Regelmäßigkeit in diesem Punkt wird gar zu leicht ekelhaft, weil sie das Natürliche in einem hohen Grade beleidigt. In größern Gärten nehmen sich weitausgedehnte Rasen vorzüglich aus. Der ungleiche Boden vermehrt ihre Schönheit. In den englischen Parks laufen sie über Hügel, die auf der einen Seite mit Bäumen bepflanzt sind, breiten sich zwischen verliegenden Waldungen aus, verlieren sich hier in dem dunkeln Schatten der Bäume, und kommen dort an lichten Stellen wieder hervor; ein sehr malerischer Anblick!

Wenn es gleich einige wollen, so sind doch gerade laufende Gänge nicht immer zu verwerfen, da sie nicht wider die Natur sind, und einen reizenden Prospekt bilden helfen können. Nur würde ein Garten, der blos solche Gänge hätte, zu geziert und einförmig seyn. Verborgene und gekrümmte Gänge, doch ohne plötzliche Wendungen, treten indessen

dessen der Natur näher, und können oft angenehmer seyn. Ihre Breite muß weder so enge seyn, daß nicht zwo bis drey Personen neben einander gehen könnten, noch, wo nicht zur Abwechselung ein freyer Platz erscheint, so groß, wie eine befahrne Landstraße. Gänge, die immer in der Ebene bleiben, ermüden; sie erheben aber die Seele, und verändern die Aussicht, wenn sie abwechselnd allmählig auf künstliche Anhöhen oder natürliche Hügel führen. In reinigen Lustgärten des Königs von Frankreich ist hie und da, wiewohl noch immer zu selten, von solchen erhöheten Gängen etwas angebracht. Aber auch von dieser Seite werden sie weit von den brittischen Parks übertroffen.

Nicht auf einer Anhöhe, zumal wenn über sie keine andere reicht, sondern in der Ebene müssen Blumenbeete angelegt werden, wo sie für das Auge eine bessere Würkung thun, besonders von einem etwas erhabenen Orte

J 3 betrach=

betrachtet. Sie nehmen nicht blos leeren Plätzen das Oede, sie bezaubern auch rings um sich her durch die Schönheit, Abwechselung, und Mannigfaltigkeit der Farben, die oft der eifersüchtigen Kunst unerreichbar sind. Man hat bey der Stellung der Blumen sowohl auf eine vortheilhafte Mischung derselben nach Beschaffenheit ihrer Höhe, Größe, und Farben, und auf die Hervorbringung einer angenehmen und harmonischen Malerey zu sehen, als auch dafür zu sorgen, daß, da schon die Natur einem jeden Monat seine Geschlechter angewiesen hat, das Blumenbeet niemals ganz leer werde. *)

Lauben

―――――――――――――――――
*) Eine Menge von Regeln für die Pflanzung und Pflege der Blumen geben die vielen Gartenbücher und unter ihnen wohl am besten Bradley in den nouv. Obs. sur le Jardinage &c. 3 Tom. Paris 1756. Ein vollständiges Verzeichniß von Schriften über die Gärtnerey ist in dem 2ten Th. des Hausvaters des vortrefflichen Hrn. Landdrosten

Lauben sind der Kühlung, der Ruhe, und dem erquickenden Genuße schöner Aussichten gewidmet. Sie müssen nicht auf leeren Plätzen, nicht zu häufig, nicht in symmetrischer Ordnung, sondern einzeln, mit Abänderung, und an etwas erhabenen Stellen, die freye Prospekte in die Ferne geben, angelegt, aber auch von keinem zu nahen Getöse beunruhigt werden. Hölzerne rothgefärbte Häuschen aus dem Garten an die Landstraße hingebaut, oft mit Gucklöchern, anstatt der Fenster, verziert, sehen einem Wachthause ähnlicher, als einem Lusthause, so beliebt sie auch um große und kleine Städte her sind, und machen einen desto widrigern Eindruck, je mehr sie öffentlich in die Augen fallen.

Bey den Hecken ist nicht allein zuerst darauf zu sehen, daß sie ein frisches und lebhaftes Grün

sten von Münchhausen zu finden. Er giebt an die zweyhundert an. So viel von der Gärtnerey, und dagegen so wenig von der Gartenkunst!

Grün haben, sondern auch, daß sie in einer Art von Wildniß, die an die Natur gränzt, gezogen werden. Um ein etwas nachläßiges Ansehen zu behalten, müssen sie nicht gar zu sorgfältig geschnitten, noch viel weniger durch abgeschmackte Umformungen in menschliche oder thierische oder andere Gestalten verkünstelt werden; eine Gewohnheit, die kaum in den rohesten Zeiten Nachsicht finden sollte. Bey der Mannigfaltigkeit des hellern und dunklern Grüns wird der Künstler zu sorgen wissen, daß nicht gerade an einer Stelle gar zu sonderbar abstechende und von einander zu sehr entfernte Grade sich vergesellschaften, sondern daß eine allmähliche Fortschreitung in den Schattierungen und eine sanfte Verbindung der tiefen Stufen mit den mittlern, und dieser mit den höhern zu einem ergötzenden Schauspiel für das Auge hervorgebracht werde. Außerdem dürfen Hecken nicht zu häufig, noch durch den ganzen Garten gleich hoch

hoch seyn, weil sie ihn sonst zu einförmig, dumpfigt und traurig machen würden. *)

Etwas übertriebenes ist es in der brittischen Gartenkunst, daß sie die Obstbäume, die nicht nur das Verdienst des Nutzens, sondern auch in den Farben der Blühte und der Früchte die Empfehlung des Angenehmen haben, aus den größern Gärten verbannt, wenigstens lieber wilde Bäume aufnimmt. Auch die Alleen, die sie nicht dulden will, streiten nicht gerade wider das Natürliche. Der Wald ordnet seine Bäume nicht selten mit einer scheinbaren Kunst. Und eine lange Reihe gerader Bäume kann, außer dem Vortheil des Schattens und der Bedeckung vor dem Regen, so wohl am Ende, als auch an den Seiten mannigfaltige Aussichten bilden, die

J 5 sonst

*) Die zu Lusthecken geschickten Arten von Bäumen und Stauden s. m. im 3ten Th. des Hausvaters. Man vergleiche damit in den Betrachtungen über das heutige Gartenwesen ꝛc. S. 34-42. S. 72 und 73.

onst nicht so reizend seyn würden. Indessen da der Garten sich der angenehmen Sorglosigkeit der Natur nähern soll, so wird der auf gewisse Weise fehlerhaft seyn, der nichts als lauter neben einander laufende Alleen hat. Sie verrathen, auch wenn sie nicht die Aussicht einschränken, doch zu sehr das Gekünstelte, und müssen, um es zu verbergen, wenigstens mit freyen offenen Plätzen, mit einer kleinen Gruppe von Fruchtbäumen, oder mit einem Buschwerke abändern. Vorzüglich sind die ehemals in den Gärten der Römer üblichen Ordnungen der Bäume noch einer Nachahmung werth; nicht allein sind sie näher mit dem Natürlichen verwanzt, sie dienen auch zur mehrern Vervielfältigung der Aussichten.

———

VIII. Un=

VIII.

Unter allen schönen Künsten verträgt die Gartenkunst ihrer Natur nach am wenigsten den Ueberfluß und den Pomp der Verzierungen, und doch ist sie gerade diejenige, die der herrschende Geschmack damit am meisten gemißhandelt hat. Es ist fast kein Spielwerk des kleinen Witzes, kein Auswurf eines phantastischen Kopfes, den man nicht in den Gärten aufgenommen, und, als wenn er da recht an seiner Stelle wäre, hartnäckig zu beschützen gesucht hätte. Die Natur hat oft diesen Tyranneyen so sehr weichen müssen, daß kaum noch eine Spur von ihr übrig geblieben. Diese Sache verdient einige Erläuterungen.

Es giebt in den Gärten Verzierungen vom kleinen Kram, die so abgeschmackt sind, daß man ihrer kaum mit mehr als einem Worte erwähnen darf. Dahin gehören die buntgefärbten

färbten Steinchen, Porcellanstücke, Glasscheiben, Marmortäfelchen, künstliche Muschelu u. s. w. womit man allerhand Figuren zu bilden, oder die Parterre, anstatt der Blumen, auszulegen pflegt. In diese Klasse gehört die in verschiedenen italiänischen Gärten herrschende Mode, selbst die Gänge mit schwarzen und weißen Kieseln, die Figuren darstellen, zu pflastern; die Vexierwasser; die Maschienen, welche den Schall der Posaunen oder den Knall der Racketen nachahmen; die Wasserorgeln, und andere Spielwerke, die vornehmlich der Italiäner und der Holländer liebt. Dieß sind Scenen, worüber sich das Kind freuet, und wovon der verständige Mann sein Auge voll Verdruß wegwendet. Andere Verzierungen sind von einer höhern Art, und verdienen desto mehr eine Prüfung, da sie durch die Kunst und den Geschmack in der Arbeit schon allein gefallen können, und durch den Vorzug, den ihnen einige der berühmrühmtesten Gärten eingeräumt, eine neue Empfehlung erhalten haben. Wir wollen einige der merkwürdigsten Verzierungen dieser Art erscheinen lassen, und sehen, ob und unter welcher Bedingung sie sich in den Gärten schicken.

Wenn die Gartenkunst auch nicht schlechterdings alle Verzierungen verwirft, so wird man doch auch so viel zugeben, daß diese Verzierungen zuförderst dem wesentlichen Charakter der Gärten gemäß, von eben der Sittsamkeit und der edlen Simplicität, die dem Hauptwerk eigen ist, und dabey fähig seyn müssen, die Würkung des Ganzen durch anmuthige Nebenideen zu erhöhen, nicht aber den Eindruck zu verwirren, welches geschiehet, wenn sie widersprechend oder zu häufig sind. Läßt man diese ohne Zweifel richtige Grundregel gelten, so wird es nicht schwer seyn, den Werth oder Unwerth der gewöhnlichen Gartenverzierungen zu beurtheilen.

Die

Die Schönheit der Grotten gründet sich nicht allein auf den Ort, der ihnen angewiesen wird, sondern auch auf ihre Einrichtung und mehr nachläßige als sorgfältige Zusammensetzung. Sie verlangen einige Entfernung von dem öffentlichen Anblick, eine einsame und schattigte Lage, weil sie ihrer Natur nach Melancholie und Nachdenken einflößen, in der Nachbarschaft eines murmelnden Gewässers, bey rohen Felsen und Buschwerk. Nur darf der Ort nicht eben, wie manche glauben, ganz versperrt und aller Aussicht beraubt seyn. Die innere Einrichtung muß die größte Einfalt und einen Anstrich von dem Nachläßigen und Unordentlichen haben, welches die Natur mit einer gewissen bedächtigen Sorglosigkeit liegen zu lassen scheint. Die schönsten Basreliefs von Muscheln sind hier Fehler. Nichts widerspricht mehr dem gesunden Geschmack, als Grotten, die in gerader Linie gegen ein Blumenbeet

menbeet hervorstechend angelegt sind, oder an allen Ecken des Gartens offen in die Augen fallen, oder beym Eingang mit künstlichen Treppen und Säulen, inwendig mit Malereyen, geschmückt sind; eine Mode, die noch in vielen Gärten geschätzt wird. Alle gekünstelte und sorgfältige Nachbildungen, sommetrische Anordnungen, wie bey den berühmten Grotten du Meudon und Vaux, die von Architectur strotzen, sind wider die Anweisung der Natur, die solche kleine Werke nicht mühsam ausbildet, sondern nur flüchtig entwirft. Endlich müssen Grotten sehr selten angebracht werden, weil sie sich selbst in ihrer natürlichen Heimath, in gebürgigten Gegenden, nur selten zeigen.

Gitterwerke, besonders die von einer sehr künstlichen Arbeit, sind größtentheils in Gärten überflüßig; doch mögen sie sparsam, nicht zu hoch, und an einem schicklichen Orte z. B. vor dem Eingang einer Baumschule, angebracht,

bracht, zu einigem Zierrath dienen, nicht aber, wie wohl andere vorgeschlagen haben, auf einem offnen und freyen Platze. Sie sind eine Nachahmung der natürlichen Zäune oder vertreten doch ihre Stelle. Zum Anstrich schickt sich nicht das Rothe, das man so oft zu wählen pflegt, sondern das Grüne für sie.

Es ist nicht zu läugnen, daß gute Statüen in den Gärten, mit Einsicht gewählt und gestellt, dem Auge und der Einbildungskraft manche angenehme Unterhaltung mehr geben, manche süße Empfindung mehr erwecken, etwas gesellschaftliches haben, und überhaupt die Anmuth eines Platzes auch für Zuschauer von geringerm Geschmack erhöhen können. Sie gehören in dieser Absicht zu den anständigen Verzierungen der Gärten, ob sie gleich sehr entbehrlich sind. Indessen pflegt man in diesem Punkt gemeiniglich Fehler zu begehen, sowohl wider die edle Einfalt der Gärten, als auch wider den Charakter des Orts.

Es giebt Gärten, worinn der Künstler oder Eigenthümer es als eine vorzügliche Schönheit angesehen zu haben scheint, daß eine Statüe die andere berührt, und wo die gedrängte Menge derselben macht, daß man den Ort, der dadurch unkenntlich geworden, vergißt, und sich in eine Gallerie versetzt glaubt. Dieses Uebermaaß widerspricht den ersten Regeln der Schicklichkeit und der Simplicität, wenn auch übrigens die zu häufigen Statüen vom schönsten Stil wären, und selbst zwischen ihnen und dem Orte kein Widerspruch bemerkt würde. Das andere Vergehen läuft wider den Charakter der Scene, und ist noch gewöhnlicher. Es werden Statüen aufgestellt, die nicht allein gar keine Verwandschaft mit den Ideen und Empfindungen haben, die ein wohlangelegter Garten erwecken soll, sondern die auch jeden Eindruck davon stören helfen. Einem begeisterten Liebhaber mag es gleich viel scheinen, ob er ein Werk aus

dem

dem besten Zeitalter der Kunst in einem Kabinette, oder in einer Gallerie, oder auf irgend einem offenen Platz betrachten kann? Aber hier muß doch die Sache aus dem wahren Gesichtspunkt angesehen werden. Es ist nicht zu begreifen, was die Bildsäulen des Jupiter, Neptun, Mars, Herkules, der Juno, Minerva und verschiedener andern, deren ausführlichste Mythologie noch immer in einer weiten Entfernung von der Natur und dem Gebrauch eines Gartens liegen bleibt, an einem solchen Orte bedeuten sollen. Eine geringe Betrachtung wird sie zu den unüberlegten Zierrathen hinstellen, die auch eine allgemeine Mode und der Beyfall des größten Haufens nicht rechtfertigen kann. So hat, um nur ein Beyspiel von einer ähnlichen Art anzuführen, der ludovisische Garten zu Rom, der für einen der schönsten in Italien gehalten wird, sogar Statuen, die gefangene barbarische Könige und selbst den Nero vorstellen.

Man

Man hat diesen falschen Geschmack noch weiter getrieben; man hat mehr als einmal den Neptun in einer Allee und den Vulkan nicht weit von einer Fontaine hingestellt, und ist gerade in den Fehler gefallen, den Horaz rügt:

Qui variare cupit rem prodigialiter unam,
Delphinum silvis appingit, fluctibus aprum.

Es ist nicht der Mühe werth, sich weiter bey solchen Auswüchsen einer ungesunden Beurtheilungskraft aufzuhalten, und zu zeigen, wie elend sie sind. Für die Beybehaltung einiger andern Statüen des Alterthums läßt sich indessen ein Wort reden, vorausgesetzt, daß die Arbeit gut ist, und daß sie mit Schicklichkeit gestellt werden. Wer wird sich eben beleidigt finden, wenn er neben einem Blumenbeete die Flora, den Bacchus bey einem Weingeländer, unter den Früchten die Pomona, in einem in Gehölz und Waldung verwildernden Gebüsch die Diana, an einem zum Baden bequemen Ort, eine Gruppe der Venus, ihrer Nymphen, und Liebesgötter, belauscht von einem Satyr, erblickt? Selbst die personificirten angenehmern Jahreszeiten, die Göttinn des Friedens, des Ueberflusses kön̈nen als schickliche Verzierungen eines Gartens angesehen werden. — Seit einiger Zeit haben die Engelländer angefangen, in ihren Gärten Statüen berühmter Männer ihrer Nation aufzustellen. Das Verdienst hat allerdings einen Anspruch auch auf eine solche Art von Belohnung. Der Nachkömmling verweilt vielleicht vor dem Bildnisse, überdenkt eine ganze Reihe von schönen oder großen Thaten oder Bestrebungen, wird gerührt, hingerissen zur Nacheiferung, vergießt wohl selbst eine Thräne, die den aufkeimenden edlen Entschluß befruchtet; vielleicht giebt auch die Einsamkeit, die hier rings umher und mehr als anderswo herrscht, seiner Betrachtung mit der Ruhe mehr Stärke, und beschleunigt die

Thä=

Thätigkeit. Wenn dieses auch nicht immer die Würkung der Bildniſſe verdienſtvoller Männer iſt, ſo kann ſie es doch ſeyn, und iſt es oft geweſen, wo, anſtatt eines flüchtigen Begaffers, ein empfindſamer Betrachter hinzutrat. Indeſſen gehören den Statüen der Helden, der Patrioten, der Verbeſſerer, der Aufklärer des Vaterlandes mehr freye als verborgene Scenen; ſie ſcheinen ſchicklicher auf öffentlichen Plätzen in den Städten, um die Schlöſſer der Fürſten, um die Palläſte der Großen her, wo die Würde des Orts ihrem Charakter beyſtimmt, und ſie dem Volke nicht ins Auge fallen. In den Gärten würden Statüen der Dichter, welche die ſchöne Natur beſangen, und der Landſchaftmaler an ihrer Stelle ſeyn. Sollte dieſer Gedanke irgendwo einige Anwendung finden, ſo wird der Deutſche doch wohl ſo patriotiſch geſinnt ſeyn, ſeinem Genius vor auswärtigen den Vorgang zu laſſen. — In kleinen Gärten

K 3   aber

aber sind keine Statüen anzurathen; sie erfordern so wohl Verzierungen, als auch, um von einer glücklichen Würkung zu seyn, Plätze, die ausgedehnt und mit mannigfaltigen Gegenständen bereichert sind. Wenn man an diese Regel nicht dachte, und es dabey für gleichgültig hielt, ob die Figuren groß oder klein wären, so hat man in manchen adelichen Gärten aus den Statüen ein lustiges Marionettenspiel gemacht.

Andere in größern Gärten gewöhnliche Verzierungen sind ganz von der Beschaffenheit, daß sie sich gar nicht mit dem Charakter, der einem Garten als eigenthümlich zugehört, vereinigen lassen. Was sollen Triumphbogen, Obelisken und andere Arten von Pfeilern in einem Garten, auch wenn er sich mit der Größe seines Besitzers hebt? Diese Gegenstände gehören für öffentliche Plätze, vornehmlich für solche, die in der Nähe prächtiger Gebäude liegen, wo sie den Eindruck von Würde,

Würde, Erhabenheit und Regelmäßigkeit verstärken können. Aber mit der Bestimmung und der edlen Simplicität der Gärten harmonieren sie nicht. Ein Triumphbogen in einem Garten ist beynahe das, was eine grüne Laube mitten auf einem öffentlichen Platz in der Stadt seyn würde. Vasen und Urnen, zumal an einem freyliegenden Orte oder um ein Blumenbeet, stellen einen abgeschmackten Auftritt dar. In öden und schattigten Gegenden eines sehr ausgedehnten Gartens mögen sie eine Stelle erhalten; sie mögen da die Bewegung einer sanften Melancholie etwas verstärken, wenn sie nur nicht gar zu häufig angebracht, und durch den Mangel der nöthigen Merkmale von einer unbestimmten Bezeichnung sind.

In sehr ausgedehnten Gärten machen Gebäude eine nicht geringe Zierde aus. Aber sie können nicht blos zur Anfüllung eines Platzes, nicht blos zur Bezeichnung oder zur Ver-

K 4 schö=

schönerung der Prospecte dienen, welches in der That eine zu unerhebliche Bestimmung seyn würde; sie können nicht bloße Gegenstände, sondern müssen Gegenstände von einer bestimmten Bedeutung seyn, und einen Character haben, der mit dem Character so wohl des Landes, als auch des besondern Orts, den sie einnehmen, harmonirt. Sie sind sehr geschickt, den Character der Scenen nicht blos deutlicher anzuzeigen, sondern ihm auch einen stärkern Nachdruck zu geben, und einen Anstrich, der sich schnell über das Ganze verbreitet. Sie können die Anmuthigkeit, die Melancholie, die Einfalt der Auftritte, unter welchen sie liegen, ungemein erheben. Man hat aber nicht blos auf die Lage, sondern auch auf die Art der Gebäude selbst zu achten; eine Einsiedlerwohnung auf einem freyen Platze würde eben so unschicklich seyn, als eine türkische Moschee in unsern Gärten. Wenn gleich einigen Britten die Vermen-

gung

gung der mancherley ausländischen Bauarten in ihren Parks gleichgültig scheint, so fallen sie doch dadurch in einen offenbaren Widerspruch, und dieser Widerspruch erweckt, so bald er empfunden wird, eine ganze Folge von verdrüßlichen Bewegungen in der Seele. Die Tempel, welche sie in ihre Parks eingeführt haben, können, wenn man nicht in das Unschickliche fallen will, in kleinen Gärten schlechterdings nicht nachgeahmt werden. In den weiten und herrlichen Parks Britanniens, auf Anhöhen in den Hainen, in einsamen und feyerlichen Gegenden thun sie eine treffliche Würkung, indem sie den Eindruck des Edlen und Großen verstärken. Wenn sie gleich nach unsern veränderten Religionsbegriffen einen Theil ihres Interesse verlohren haben, so können sie doch durch die Architectur, die Lage, und die Verbindung mit andern Gegenständen noch immer von einer guten Einwürkung seyn. Sie verlangen übri-

K 5 gens

gend einen Ort, der dem mythologischen Charakter der Gottheit, der sie gewidmet sind, nicht widerspricht, und sind den Gesetzen der schönen Baukunst unterworfen. Die Tempel der Venus, der Mutter der Erzeugungen, des Bacchus, des Pans, der Freundschaft, der alten Tugend, der Muse des Hirtengedichts, die in dem berühmten Park zu Stow in Engelland, sind mehr dem Charakter der Gottheiten gemäß, als die Tempel der Juno, des Mars und andrer, auch wenn diese als bloße Gegenstände, und des Prospekts wegen, aufgeführet werden sollten. Die chinesischen Tempel, die man in verschiedenen brittischen Parks antrift, beweisen, daß man oft bey der Aufnahme eines fremden Geschmacks mehr aufnimmt, als man aufnehmen sollte. — Eine reinliche Fischerhütte an einem vorüberfliessenden Gewässer, sollte sie nicht an diesem Orte mehr gefallen, als der herrlichste Tempel, weil sie hier mehr natürlich ist?

Künstlich

Künstlich hingelegte Ruinen von Gebäuden in Gegenden, wo niemals solche Gebäude gestanden haben, können nur eine kurze Täuschung hervorbringen; der Betrug entdeckt sich bald, und der Eindruck ist verschwunden. Auf einer Reise durch Italien und Großgriechenland in der angenehmen Gesellschaft eines Volkmann und Riedesel läßt man sich gerne von ihnen zu den Ruinen hinführen, die auf dem Grund und Boden des Alterthums liegen; aber in einem englischen Park die erkünstelten Ueberbleibsel eines Gebäudes, das zu Athen stand, und dessen Reste nur da gesucht werden können, welcher Widerspruch des Gegenstandes, des Orts und der Zeit! Und welche Würkung, die daher entspringt! Will man Bilder der Zerstörung aufstellen, warum denn eben so weit gesuchte? Warum nicht lieber die, welche die Natur anbietet, und welche der Gegend eigenthümlich sind? Wo würkliche Ruinen, auch gothische, vorhanden sind,

da

da mag man sie liegen lassen. Aber auch sodann kein künstlich zubereiteter, kein geschmückter Zugang zu ihnen. Nach steilen oder verwilderten Wegen unerwartet erblickte Trümmer und Gemäuer beschäftigen die Phantasie auf eine fühlbare und nützliche Art. Zurückerinnerung an die vergangenen Zeiten, und ein gewisses mit Melancholie vermischtes Gefühl des Bedauerns, das diese Zurückerinnerung begleitet, sind die allgemeinen Würkungen der Ruinen. Aber diese Würkungen können von dem besondern Charakter, von dem verschiedenen Alter, von der vormaligen Bestimmung, von der oft deutlichen, öfters ungewissen Einrichtung und Gestalt, von der Lage, von den hie und da halb vertilgten Aufschriften eines verfallenen Gebäudes und von andern Umständen, die auf Begebenheiten und Sitten hinwirken, mannigfaltige Modificationen annehmen. So erwecken die Ruinen eines Bergschlosses, eines Klosters, eines

alten

alten Landsitzes sehr abgeänderte Bewegungen, noch mehr abgeändert durch die Betrachtung der Zeit und anderer Umstände, die an sich so vielfältig unterschieden seyn können. Wenn also Ruinen, die in einer Gegend würklich vorhanden sind, in einen Gartenplatz, der freylich nicht eingeschränkt seyn muß, hineingezogen werden; so wird ein geschickter Gartenkünstler sie nicht blos mit dem Ganzen in eine gute Verbindung zu bringen, sondern auch ihre Würkungen zu erhöhen wissen, z. B. durch Unterbrechungen oder Umwölbungen mit Bäumen und Gebüschen, die ihnen zuweilen schon die Natur gab.

Wenn auch die Gärten so wohl aus Bedürfniß, als auch zur Verschönerung Wasser erfordern, so scheinen doch emporsteigende Wassersäulen etwas gar zu gekünsteltes zu haben. Wasserfälle gränzen weit näher an das Natürliche, zumal wenn ein etwas roher Felsen, worüber das Wasser stürzt, zum Grunde liegt.

liegt, dabey auch nicht ein solches Uebermaaß von üppigen Verzierungen und symmetrischen Künsteleyen, wie z. B. bey den berühmten Cascaden zu St. Clou und zu Fontainebleau herrscht, angebracht wird. Wenn indessen hohe Springwasser beybehalten werden sollten, so müßte doch das Grottenwerk von Muscheln oder Seethieren in der Tiefe angelegt werden, nicht der fluthenspeyende Wallfisch in der Höhe aufgestellt seyn, oder wohl gar auf einer Ruhebank hingestreckt liegen, ein lächerlicher Fehler, der manche Gärten verunstaltet; auch dürfte das Wasser weder von menschlichen noch von thierischen Figuren, die natürlicher Weise kein Wasser geben, oder doch damit keine Verbindung haben, geworfen werden. So bekannt auch schon dem gemeinen Menschenverstande diese Regeln vorkommen müssen, so vielfältig sind doch die Vergehungen wider sie. Der Garten der berühmten Villa Estense bey Rom hat eine etliche hundert der Schritte lange Wasserallee, wo auf beiden Seiten mehr als dreyhundert Adler und sogar Blumentöpfe Wasserstrahlen ausspritzen. So darf man auch nur in den Gärten zu Versailles die Fontainen der Latone, des Apolls, der Fama, der Ceres, des Bacchus und der Flora sehen, um von dieser Seite einen sehr elenden Geschmack zu bemerken, den selbst alle Pracht nicht verbergen kann. Was kann z. B. abgeschmackter seyn, als Löwen und Rehe neben einander, jene in der Raubbegierde, diese in der Flucht vorgestellt, auf einmal wie durch ein Wunderwerk verwandelt, Wasser emporwerfen zu lassen? Weniger bedenklich hätte der scharfsinnige Home *) bey der Gewohnheit, Statüen von Fischen zu Stützen für ein Wasserbecken zu brauchen, seyn dürfen; denn wenn auch der unbearbeitete Stein eine Stütze seyn kann, so tritt doch gleich eine offenbare Unschicklichkeit

*) Grundsätze der Kritik. S. 367.

ein, so bald dieser Stein in die Gestalt eines Fisches, der seiner Natur nach nicht stützen kann, und durch den Anschein eines unverdienten Leidens eine unangenehme Empfindung erregt, umgeformt wird. Wie sinnreich der Franzose in solchen Verzierungen seyn kann, lehrt die Fontaine der Pyramide in den Gärten zu Versailles, wo gerade auf der obersten Stufe vier Krebse zu Stützen angebracht worden sind; nicht leicht wird man einen feinern Einfall von dieser Art finden können. — Und Seethiere in den Gärten? Diese Vermengung dessen, was allein dem Meere zugehört, mit dem, was dem Lande eigen ist, scheint wenigstens sehr sonderbar; und warum denn eben eine solche Vermengung in den Gärten? Rinnt nicht schon ein klares Gewässer von dem Abhang eines grünenden Hügels anmuthig genug herunter? Wird es reitzender, wenn es von einem Seethiere, dessen bloße Gestalt schon fürchterlich ist, oder

wenig-

wenigstens die fürchterliche Erinnerung an sei=
ne wilde Natur und an die Geschichte seiner
Feindseligkeiten gegen den Menschen erneuert,
emporgestürmt wird? Oder muß nicht vielmehr
der Anblick solcher Gegenstände dazu dienen,
die angenehme Bewegung zu stören, die ein
lebendiges sanftmurmelndes Wasser erweckt?
Können sich täuschende Eindrücke von dieser
Art mit der wahren Bestimmung der Gärten
vertragen? Und wenn auch der nachgebildete
Walfisch oder ein anderes Seethier in einem
weiten Wasserraum nicht unnatürlich scheinen
würde; ist er es denn noch in einem Bassin,
dessen kleiner Umfang von allen Seiten beu=
fert auf einmal in die Augen fällt, das von
hohen Lauben und Hecken beschattet wird?
Weg mit den schrecklichen Seeungeheuern aus
den Gärten, auch wenn sie le Notre empfiehlt,
und Ludewig, der Große, sie billigt!

Wenn gleich Home die Labyrinthe und Irr=
gärten für ein bloßes Getändel erklärt, und sie

L unter

unter den Werth der Räzel erniedrigen will,*) so laſſen ſich doch Gründe nicht bloß zu ihrer Duldung, ſondern ſelbſt zu ihrer Empfehlung anführen. Er wirft ihnen vor, daß, wenn auch die Gänge und Hecken angenehm ſeyn mögen, dieſe doch in der Form eines Labyrinths zu nichts dienen, als zu verwirren, und daß ſelbſt die Scharfſinnigkeit keine Hülfe geben kann, den Ausgang eines Labyrinths aufzuſpüren, wie ſie doch bey der Auflöſung eines Räzels für ein Verdienſt gelten kann. Ohne zu unterſuchen, ob eben Scharfſinnigkeit erfordert werde, den Ausgang des Irrgartens zu finden, und ob die Uebung der Scharfſinnigkeit, von dieſer Seite der einzige Zweck des Gartenkünſtlers ſey; ſo würde es allerdings für dieſen zu gemein ſeyn, wenn er blos und ohne eine weitere Abſicht auf eine kleine Verlegenheit ſähe, worein er den Spazierenden zu ſetzen gedächte. Eine widrige Verwirrung kann nicht die

Beſtim-

*) S. 368.

Bestimmung der Irrgärten seyn; wohl aber eine kurze Verwirrung, die, frey von der Befürchtung einiger Gefahr oder einer ewigen Umherirrung, Beschäfftigung für die Seele hat, die Erwartung anfeuert, sie bald mehr, bald minder täuscht, und dadurch belebt, und mit dem Vergnügen überrascht, den Ausgang unvermuthet getroffen zu haben. Waldigte und gebirgigte Gegenden haben ihre natürliche Irrgärten; diese können daher nicht wider die Natur seyn, vielweniger nach den brittischen Grundsätzen der Gartenkunst. Aber ein Spielwerk würde es allerdings seyn, wenn man Irrgärten auf einem kleinen abgezirkelten Platz anlegen wollte; sie gehören allein für Gärten in einer ausgedehnten Gegend. Dabey scheint es widersinnig, den Eingang des Irrgartens durch ein Gitterwerk oder eine Statue merklich zu machen; er muß etwas verborgen liegen, so daß man sich hinein verliert, ohne sich dahin verlieren zu wollen, und gleichsam durch

L 2   seine

seine eigne Unachtsamkeit zu der angenehmen Irre verführt wird; die vorlaufende Vorstellung des Herumirrens schwächt die Würkung der Bewegungen, die in der Folge erweckt werden sollen. Auch ist es nöthig, daß die Gänge nicht zu eng, die Hecken nicht zu hoch angelegt werden, weil sie sonst etwas trauriges und ängstliches einflößen würden. Noch eine vorzügliche Verschönerung der Irrgärten wäre es, wenn sie hin und wieder mit solchen Scenen bereichert würden, die aufhalten, zerstreuen, erfrischen, und der Unruhe und Erwartung eine gewisse Milderung ertheilen, etwa ein Rasensitz, ein kleiner rieselnder Bach, eine Statüe der Liebesgöttinn in einer lieblichen Stellung. Eine durchgängige Leera kann verdrüßlich machen; und die Hinstellung fürchterlicher Statüen, zumal an Plätzen, wo sie unvermuthet erblickt werden, scheint uns durch den plötzlich erweckten Schreck, den die Einsamkeit verstärkt, eine Art von Grausamkeit

keit zu werden, die unsern Unwillen zu empö‍ren berechtigt ist.

In größern Gärten, die vom fließenden Wasser durchschnitten werden, sind kleine Brü‍cken nicht allein zur Verbindung der getrenn‍ten Theile nöthig; sie können auch als Ver‍zierungen betrachtet werden, welche die Ab‍wechselung vermehren, und gute Prospekte bil‍den helfen. Sie müssen aber nur da angelegt werden, wo entweder die Bequemlichkeit sie erfordert, oder wo sie einen anmuthigen An‍blick geben können. Da sie in Gärten gemei‍niglich nur über kleine Gewässer hingehen, so müssen sie, außer der nöthigen Festigkeit, eine gewisse Leichtigkeit und Bescheidenheit haben, und vertragen hier nicht den Pomp der Schwibbogen und Säulenordnungen, noch die Kunst der Sculpturverzierungen. Auch ein Steg von einigen Bretern mit einer gemeinen Lehne über einen Bach hingelegt wird an ei‍nem etwas nachläßigen und bebüschten Orte

schon

schon anmuthig genug seyn. Indessen kann auch oft der Charakter der Scene, zu welcher eine Brücke führt, entscheiden, ob diese ganz einfältig, oder etwas geschmückter mit einer gewissen Bedeutung vorbereiten soll. So würde z. B. zu einem schönen Lusthause eine artig angelegte Brücke, eine eingefallene steinerne, zu Ruinen leiten. Wo mehrere Brücken angebracht werden, da muß man vornehmlich die Einförmigkeit ihres Ansehens zu vermeiden suchen.

Man machte, vornehmlich in den ältern Zeiten, von den Sinnbildern und Inschriften einen sonderbaren Gebrauch in den deutschen Gärten. Die äusern und innern Wände der Lusthäuser, und selbst die Außenseiten andrer Gegenstände bemalte man mit Bäumen, Blumentöpfen, Springwassern, Tänzen u. s. w. um durch diese Bilder eine Andeutung des Vergnügens zu geben; man setzte daneben eine Menge von elenden halb lateinischen, halb deutschen Versen, die oft so weit hergeholt und

so

so fremd waren, daß man sich verwundern mußte, wie sie an einen solchen Ort hinkommen können. Dieser Geschmack verdiente desto mehr Tadel, je mehr er das Nützliche der Inschriften ganz verdrängte und sie von ihrer edlen Bestimmung herabsetzte, die sie bey den Alten hatten. Mit einer gesundern Beurtheilung hat sie der Britte in seine Parks eingeführt. Wenn gleich Inschriften nicht nothwendig sind, indem die Schönheiten eines Gartens sehr geringe oder zweydeutig seyn müssen, wenn sie erst dadurch unterstützt und aufgeklärt werden sollten; so können sie doch auch in Gärten manche gute Würkung auf die Einbildungskraft und auf das Herz thun, sie mögen historisch oder moralisch seyn, oder auf die besondere Annehmlichkeit des Orts hinweisen. Vorausgesetzt, daß sie nicht mühsam gesucht, sondern durch die Beschaffenheit der Scene selbst veranlaßt scheinen, einen erheblichen Inhalt haben, mit der Kürze eine Deutlichkeit verbinden, die keiner langen Nach-

L 4   forschung

forschung und Ueberlegung bedarf, keine zerstreuende Nebenumstände bezeichnen, und sich selbst im Ganzen unter einander nicht durch eine Vermengung der Zeiten und der Länder widersprechen; so müssen sie sich auch für den eigenthümlichen Charakter der Gegend schicken, und seinen Einfluß durch die Zugesellung verwandter Begriffe zu verstärken fähig seyn. Nach diesen Bemerkungen wird es hier billig der eigenen Beurtheilung und der Erfindungskraft des Kenners überlassen, welche Inschriften er für einsame, muntre, liebliche, freye, ernsthafte Oerter wählen und aus welcher Quelle er sie schöpfen will.

So mannigfaltige Anmerkungen auch hier schon vorgetragen sind, so wird es doch leicht wahrzunehmen seyn, daß diese Gegenstände noch manche nähere Aufklärungen verdienen, und darauf desto mehr Anspruch machen können, da sie unter uns bisher noch fast ganz unbearbeitet

beitet liegen. Man müßte zu einer weitern
glücklichen Unterſuchung ſich zufoͤrderſt von allen
Vorurtheilen fuͤr und gegen den Geſchmack dieſer oder jener Nation in der Gartenkunſt ſorg-
faͤltig befreyen, kaltbluͤtig die Begriffe unterſuchen, die man ſich in verſchiedenen Jahrhunderten von dieſer Kunſt gemacht hat, ſie da
zur genauern Pruͤfung anhalten, wo ſie zuſam-
mentreffen, aber auch den Urſachen ihrer mehr
oder weniger bemerkbaren Abweichung nachſpuͤ-
ren, das aufſammlen, woruͤber man ſich in den
aufgeklaͤrteſten Zeiten vereinigt hat, mit Er-
waͤgung der kleinen Unterſchiede, die hie und
da das Klima und der Nationalgeſchmack veranlaßt hat, und ſich auf dieſem Wege unter
beſtaͤndiger Ruͤckſicht auf die wuͤrkliche oder
moͤgliche Beſtimmung eines Gartens zu den
wahren Grundſaͤtzen hinarbeiten, auf welchen
eine ſichere Theorie aufgefuͤhrt werden kann. —
Aber nicht viel weiter werden wir uͤber den
Punkt, wo wir jetzt ſtehen, hinausruͤcken, ſo

L 5   lange

lange noch diese edle Kunst zu einem bloßen Handwerk erniedrigt wird, so lange sie gemeinen Köpfen, die gewiß kein Recht auf den Namen der Gartenkünstler haben, allein überlassen wird, und so lange die Gärtner ohne die nöthige Anweisung zur Bildung ihres Geschmacks und zur bessern Einsicht in das, was sie seyn können, bleiben. Allein es ist auch nicht das Werk der Schriftsteller, der Gartenkunst auf einmal die Verbesserung zu geben, der sie bedarf. Es werden Männer von Einsicht und Vermögen erfordert, um ihre gebilligten Vorschläge auszuführen, und in der Absicht den Gärtner durch mehr Unterricht über das hinauszuheben, was ökonomische und mechanische Gärtnerey ist, ihm die Scenen anzuweisen, wo nicht blos die Hand, sondern wo der Geist arbeiten muß, und ihm, wenn er das nöthige Maaß des Genies und die Hülfsmittel zur Erweiterung seiner Kenntnisse hat, ein edles begeisterndes Gefühl von

der

der Würde seiner Bestimmung einzuflößen.
Und da die Fürsten, die ohnedieß zur Verbesserung der Gartenkunst das erste gute Beyspiel geben sollten, (nicht blos, weil sie es mehr können) oft Leute für einen weit geringern Zweck, und wohl ihre Köche auf ihre Kosten reisen lassen; sollte denn nicht ein junger Gartenkünstler noch mehr einer ähnlichen Vorsorge für die Ausbildung seines Genies werth seyn? Was Italien für den reisenden Maler ist, das würde Engelland für den Gartenkünstler seyn.

Ueberhaupt verdient die Gartenkunst in ihrem weiten Umfange eine größere Aufmerksamkeit von den Vorstehern des Staats, da sie einen so wichtigen Einfluß auf das Vergnügen und auf die Bildung der Bürger hat. In Gegenden, die wohl bebauet und mit anmuthigen Gärten bepflanzt sind, wird man den Menschen sich viel eher an die anständigen und stillern Ergötzungen der Natur gewöhnen sehen, die

ihn

ihn allmählig die groben und kostbaren Arten von Zeitvertreiben verschmähen lehren; sein Geist wird unter so vielen mächtigen Gegenständen Heiterkeit und ein aufgewecktes Wesen, seine Einbildungskraft einen Reichthum von angenehmen Bildern, seine Gefühle werden mehr Verfeinerung und Reizbarkeit annehmen; er wird seine ganze Natur belebter und stärker fühlen, sich in allen ihren schönen Fähigkeiten geschwinder und glücklicher zu entwickeln. Auch wird er nicht unterlassen, den guten Geschmack, den er in allen Gegenständen um sich her erblickt, auf sein Eigenthum hinzutragen, und indem er sein Land mehr ins Schöne zu bebauen sucht, ihm zugleich mehr Fruchtbarkeit und Nutzbarkeit mitzutheilen. Man hat in Engelland die Erfahrung, daß mit dem Geschmack an den Parks sich zugleich die Liebe der Landöconomie gehoben hat; und wie natürlich war es nicht, daß dieses geschah? Wie viele herrliche Pflanzungen von ganzen Hainen,

wie

wie viele angelegte Seen und geleitete Flüsse zur Wässerung und zum Vergnügen, bearbeitete Berge und Hügel und Felder in diesem Lande! Und wie geschäfftig ist nicht noch der große unternehmende Geist dieser Nation, ganze ausgestreckte Landschaften ins Schöne und zugleich ins Nützliche zu verarbeiten! Die Anlegung mehrer Gärten in einem bessern Geschmack, als der bey uns bisher gewöhnliche ist, auch wenn sie im Anfange auf öffentliche Kosten geschehen sollte, kann daher kein unerheblicher Verwurf einer gesunden Staatskunst seyn.

Da überaus viel daran gelegen ist, unter was für Umständen die erste Bildung des Menschen angefangen wird, und von welcher Beschaffenheit die Dinge sind, die ihn umgeben; so fällt es leicht in die Augen, daß man für die Erziehung der Jugend noch einen wichtigen Vortheil von den Gärten ziehen kann, und daß es eine Pflicht wird, diesen Vortheil nicht gänzlich

gänzlich zu übersehen. Wenn es vielleicht manche Schwierigkeiten haben mag, die Oerter, wo schon Gymnasien und Akademien sind, mit reichen Gärten zu umschmücken, zumal da man bey der ersten Anlage wohl selten darauf Rücksicht genommen hat; so wird es doch nicht unbillig scheinen, wenn man verlangt, daß solche Oerter wenigstens das Lob verdienen sollten:

Geschmack, nicht Pracht herrscht hier; und jeder
Schritt entzückt,
Obgleich die schlaue Kunst sich nur bescheiden
schmückt,

daß das Schmutzige, Rauhe und Harte sorgfältig verdrängt, und die Gegend umher wenigstens so weit verschönert werde, daß sie den jungen Seelen ein Gefühl der Reinlichkeit, der Harmonie, und der Annehmlichkeit einzuflößen fähig sey. Die Eindrücke davon sind desto wichtiger, je lebhafter sie sind, und je mehr sie sich über das ganze Leben ausbreiten. Sehr geschickt ist die Gartenkunst, die hohen

Absichten

Abſichten einiger ihrer Geſchwiſter, der übrigen ſchönen Künſte, zu unterſtützen. Und wie anſtändig würden nicht ihre Bemühungen zur Verſchönerung eines Orts ſeyn, wo die Muſen, wenn auch nicht mehr in Tempeln, doch in Hütten, nicht weniger ehrwürdig wohnen?

Inhalt.

Inhalt.

I. Geschichte der Landhäuser und des Landlebens, vornehmlich bey den Römern   S. 10

II. Ueber die Anlage, Bauart und Verschönerung der Landhäuser   32

III. Ueber die Schicksale der Gartenkunst   54

IV. Von dem Geschmack der chinesischen Gärten   67

V. Von den Gärten in Engelland und einigen berühmten Parks   74

VI. Einige allgemeine Grundsätze der Gartenkunst   101

VII. Ueber die Anordnung der einzelnen Theile in den Gärten   126

VIII. Von den Verzierungen in den Gärten   137